Managementwissen für Studium und Praxis

Herausgegeben von

Professor Dr. Dietmar Dorn und
Professor Dr. Rainer Fischbach

Bisher erschienene Werke:

Bontrup, Volkswirtschaftslehre
Bradtke, Mathematische Grundlagen für Ökonomen
Busse, Betriebliche Finanzwirtschaft, 4. Auflage
Clausius, Betriebswirtschaftslehre I
Dorn · Fischbach, Volkswirtschaftslehre II, 2. Auflage
Fank, Informationsmanagement
Fank · Schildhauer · Klotz, Informationsmanagement: Umfeld – Fallbeispiele
Fiedler, Einführung in das Controlling
Fischbach, Volkswirtschaftslehre I, 10. Auflage
Frodl, Dienstleistungslogistik
Hardt, Kostenmanagement
Koch, Marktforschung, 2. Auflage
Koch, Gesundheitsökonomie: Kosten- und Leistungsrechnung
Krech, Grundriß der strategischen Unternehmensplanung
Kreis, Betriebswirtschaftslehre, Band I, 5. Auflage
Kreis, Betriebswirtschaftslehre, Band II, 5. Auflage
Kreis, Betriebswirtschaftslehre, Band III, 5. Auflage
Lebefromm, Controlling – Einführung mit Beispielen aus SAP®/R3®
Lebefromm, Produktionsmanagement, 3. Auflage
Mensch, Kosten-Controlling
Piontek, Controlling
Piontek, Global Sourcing
Reiter · Matthäus, Marketing-Management mit EXCEL
Schaal, Geldtheorie und Geldpolitik, 4. Auflage
Scharnbacher · Kiefer, Kundenzufriedenheit, 2. Auflage
Stahl, Internationaler Einsatz von Führungskräften
Steger, Kosten- und Leistungsrechnung

Kundenzufriedenheit

Analyse, Messbarkeit und Zertifizierung

Von
Professor
Dr. Kurt Scharnbacher
und
Guido Kiefer

2., unwesentlich veränderte Auflage

R. Oldenbourg Verlag München Wien

Die Deutsche Bibliothek - CIP-Einheitsaufnahme

Scharnbacher, Kurt:
Kundenzufriedenheit : Analyse, Meßbarkeit und Zertifizierung
/ von Kurt Scharnbacher und Guido Kiefer. – 2., unwes. veränd. Aufl. -
München ; Wien : Oldenbourg, 1998
(Managementwissen für Studium und Praxis)
ISBN 3-486-24813-8
NE: Kiefer, Guido:

Rosenheimer Straße 145, D-81671 München
Telefon: (089) 45051-0, Internet: http://www.oldenbourg.de

Gedruckt auf säure- und chlorfreiem Papier
Druck: Grafik + Druck, München
Bindung: R. Oldenbourg Graphische Betriebe GmbH, München

ISBN 3-486-24813-8

INHALTSVERZEICHNIS

Abkürzungsverzeichnis

Abb.	Abbildung
Abs.	Absatz
bzw.	beziehungsweise
CWQC	Company Wide Quality Control
d.h.	das heißt
DIN	Deutsches Institut für Normung
E.F.Q.M.	European Foundation for Quality Management
EN	Europäische Norm
EQA	European Quality Award
etc.	et cetera
EU	Europäische Union
f.	folgend
ff.	folgende
Hrsg.	Herausgeber
i.d.R.	in der Regel
ISO	International Organization for Standardization
MBNQA	Malcolm Baldrige National Quality Award
Nr.	Nummer
PIMS	Profit Impact of Marketing Strategies
QM	Qualitätsmanagement
QS	Qualitätssicherung
ROI	Return on Investment
S.	Seite
sog.	sogenannt
SPSS	Statistical Package for the Social Science
TARP	Technical Assistance Research Programs Institute
TQC	Total Quality Control
TQM	Total Quality Management
u.a.	unter anderem
usw.	und so weiter
vgl.	vergleiche
z.B.	zum Beispiel
z.Z.	zur Zeit

Abbildungsverzeichnis

A Einleitung

1. Problemstellung und Zielsetzung

"Die Gewährung höchster Kundenzufriedenheit zur Sicherung des Kundenstammes ist der Schlüssel zum Erfolg in den 90er Jahren. Kundenzufriedenheit muß Meßgröße für Qualität sein und nicht der vielfach hervorgehobene technische Qualitäts-Aspekt."[1] Diese Aussage von Philipp Kotler anläßlich eines internationalen Symposiums in der Schweiz beschreibt in treffender Form den derzeitigen Diskussionsstand in Wissenschaft und Praxis.

Ein verschärfter Wettbewerb, engere Märkte und ein steigendes Anspruchsdenken der Kunden begründen die zunehmende Bedeutung eines stabilen Kundenstamms. Güter und Dienstleistungen sind austauschbar geworden. Für Kunden stellt es heute kein großes Risiko mehr dar, ein Unternehmen oder einer Marke zu wechseln. Aus diesem Grund ist es für ein Unternehmen von grundlegender Bedeutung einen stabilen Kundenstamm aufzubauen und zu sichern. Er ist die Grundlage für wirtschaftlichen Erfolg und langfristiges Wachstum. Deshalb sind heute die Anstrengungen nicht mehr auf einmalige Austauschvorgänge zwischen Unternehmen und Kunden ausgerichtet, sondern auf langfristige Geschäftsbeziehungen bzw. Markentreue. In diesem Zusammenhang wird von Kundenbeziehungsmanagement gesprochen.

Der Schlüssel zum Aufbau eines stabilen Kundenstamms sind **zufriedene Kunden**. Unternehmen, denen es gelingt ihr Leistungsspektrum genau den Vorstellungen und Erwartungen der Kunden anzupassen oder sogar die Vorstellungen der Kunden zu übertreffen, erzeugen Zufriedenheit und legen somit den Grundstein für zukünftige Geschäfte. Zufriedene Kunden tätigen Wiederkäufe, entwickeln zusätzliche Bedürfnisse gegenüber dem Unternehmen und berichten Freunden und Bekannten positiv von dem Unternehmen.

Kundenzufriedenheit wird erreicht durch strikte Kundenorientierung. **Kundenorientierung** bedeutet u.a., auf Kunden individuell einzugehen und durch Erfahrungen mit Kunden zu lernen um dadurch Kundenzufriedenheit nachhaltig und vorausschauend gewährleisten zu können. Zwar wird Kundenorientierung schon seit Jahrzehnten gefordert und umgesetzt, jedoch nicht in der heute notwendigen Konsequenz und Tragweite. Obwohl Kundenorientierung zur Unternehmensstrategie erhoben wurde, ist bisher das Marketing und der Verkauf für Kundenorientierung und Kundenzufriedenheit zuständig gewesen.

---

[1] Kotler, P. zitiert nach Müller, Attfield (1993), S. 132

Kundenorientierung muß stärker als bisher auf alle Bereiche des Unternehmens bezogen werden. Nicht nur das Marketing und der Verkauf, sondern auch z.B. die Forschung, die Beschaffung und die Produktion müssen sich mit dem Vorstellungen und Wünschen der Kunden auseinandersetzen und Kundenzufriedenheit anstreben. Kundenorientierung und damit Kundenzufriedenheit muß in zunehmenden Umfang operatives Ziel und damit Richtschnur für alle unternehmerischen Entscheidungen werden. Unternehmen, die sich strikt an dem Kunden orientieren, bauen ein hohes Zufriedenheitspotential bei den Kunden auf.

Die Diskussion über Kundenzufriedenheit wurde und wird meistens im Kontext mit Themen wie **Qualität und Qualitätssicherung** geführt. Auch hier hat sich in den letzten Jahren eine grundlegende Änderung der Denkhaltung vollzogen. Im Gegensatz zu früher steht nicht mehr der technische Aspekt von Qualität im Vordergrund, vielmehr bestimmt der Kunde, was Qualität ist. Seine Vorstellungen und Erwartungen begründen die Qualitätserwartungen. Diese Erwartungen zu erfüllen muß unangefochtenes Ziel eines Unternehmens sein, daß Kundenorientierung und Kundenzufriedenheit anstrebt.

Um die Qualität zu erzeugen, die die Kunden wünschen, investieren immer mehr Unternehmen in Qualitätsmanagementsystemen, wie z.B. dem Total Quality Management oder den Qualitätsmanagementsystemen nach den DIN ISO 9000ff. Sie werden konzeptioniert und implementiert um **nachhaltige Kundenzufriedenheit** zu erzielen. Abläufe und Prozesse werden optimiert, Mitarbeiter werden geschult, das Ziel der Kundenzufriedenheit wird intern kommuniziert. Doch ob sich die Kundenzufriedenheit tatsächlich erhöht, wird in der Regel nicht ermittelt. Man begnügt sich meistens mit indirekten Indikatoren, wie z.B. geringeren Kosten, geringeren Ausschußquoten, steigenden Umsätzen oder rückläufigen Beschwerden. Ein System, daß auf Erzielung von Kundenzufriedenheit ausgerichtet ist, anhand von diesen Indikatoren zu überprüfen, widerspricht der eigenen Zielsetzung. **Wer Kundenorientierung mit dem Ziel Kundenzufriedenheit verfolgt, muß auch seine Kunden fragen, ob er dieses Ziel erreicht hat.**

Es gilt einen standardisierter Fragebogen zu entwicklen, der es Unternehmen ermöglicht, ohne größeren Aufwand die Zufriedenheit der Kunden zu ermitteln, um hierdurch die Effizienz ihres Qualitätsmanagementsystems zu überprüfen. Durch die regelmäßige Ermittlung der Zufriedenheit der Kunden sollen Ansatzpunkte zur Verbesserung des Systems gefunden werden.

2. Vorgehensweise

Im nachfolgenden Teil B wird die Kundenzufriedenheit und ihre Messung dargestellt. Dazu wird anfangs kurz die Entwicklung der Zufriedenheitsforschung erläutert. Im Anschluß daran wird der Begriff der Kundenzufriedenheit definiert und operationalisiert. Nachdem der Begriff der Kundenzufriedenheit inhaltlich erläutert ist, werden die Ursachen der Kundenzufriedenheit dargestellt. Danach wird die Bedeutung der Kundenzufriedenheit erläutert. Im Anschluß daran wird auf die Messung der Kundenzufriedenheit eingegangen, wobei zuerst die Ziele von Zufriedenheitsmessungen dargestellt werden. Anschließend werden verschiedene Ansatzpunkte für die Messung der Kundenzufriedenheit ausführlich dargestellt.

In Teil C wird auf die Qualität und die Bedeutung der Kundenzufriedenheit in Qualitätsmanagementsystemen eingegangen. Hierzu wird zu anfangs der Qualitätsbegriff inhaltlich näher erläutert. Darauf folgt eine kurze Darstellung der empirischen Befunde zum Zusammenhang Qualität und Unternehmenserfolg. Daran folgt eine kurze Darstellung der historischen Entwicklung von Qualitätssicherungsmaßnahmen.

Anschließend erfolgt eine Darstellung der Qualitätsmanagementsysteme nach den DIN ISO 9000ff. und des Total Quality Management. Im Anschluß hieran werden diese Qualitätsmanagementsysteme daraufhin untersucht, inwieweit diese Systeme Kundenorientierung und Kundenzufriedenheit berücksichtigen. Aus diesem Grund werden in Teil D die Möglichkeiten zur Standardisierung der Ermittlung der Kundenzufriedenheit im Rahmen von Qualitätsmanagementsystemen diskutiert.

Zu Beginn des Teils D werden die Anforderungen an eine standardisierte Ermittlung der Kundenzufriedenheit formuliert. Hierauf folgt die Festlegung eines Verfahrens zur standardisierten Ermittlung der Kundenzufriedenheit, die Festlegung der Dimensionen und Merkmale und die Entwicklung des standardisierten Fragebogens. Hiernach wird die Durchführung einer standardisierten Ermittlung der Kundenzufriedenheit beschrieben. Insbesondere wird dabei auf die Informationsgewinnung und die Informationsverarbeitung eingegangen.

Zum Schluß werden in Teil E die Grenzen einer Standardisierung der Ermittlung der Kundenzufriedenheit dargestellt.

B Die Kundenzufriedenheit und Ihre Messung

1. Zur Entwicklung der Zufriedenheitsforschung

In der betriebswirtschaftlichen Forschung hat die Kundenzufriedenheit zunächst im Rahmen der Organisationspsychologie unter dem Aspekt der Arbeitszufriedenheit Eingang gefunden. Ein Grund hierfür ist in der häufig diskutierten Annahme zu sehen, daß die Zufriedenheit eines Mitarbeiters letztendlich seine Leistungsbereitschaft erhöht und somit die Produktivität eines Unternehmens steigere. Die Theorien der Arbeitszufriedenheit bauen überwiegend auf motivationstheoretische Annahmen auf und betrachten Zufriedenheit als emotionalen Zustand.

In der Marketingwissenschaft wurde die Zufriedenheit lange Zeit vernachlässigt. Erste Ansätze zur Zufriedenheitsforschung sind hier im Zusammenhang mit einer sich verstärkenden Konsumerismus-Bewegung in den USA Ende der sechziger Jahre zu verzeichnen. Fragestellungen der Zufriedenheit von Konsumenten mit der generellen Versorgungslage und mit Gütern und Dienstleistungen in einzelnen Angebotsbereichen standen dabei im Mittelpunkt. Diesen Ansätzen zur Makro-Kundenzufriedenheit stehen die Ansätze zur Mikro-Kundenzufriedenheit gegenüber. Eine der ersten Untersuchungen zur Frage der Berücksichtigung von Zufriedenheit im Hinblick auf die Beurteilung des Erfolges unternehmerischer Tätigkeit unternahm McNeal[2]. Seine Untersuchung zeigte deutlich, daß Unternehmen zur Beurteilung der Zufriedenheit vor allem aggregierte Indikatoren wie Gewinn und Marktanteil verwenden.

Anfang der siebziger Jahre erschienen vereinzelt die ersten Vorschläge zur Messung der Zufriedenheit von Kunden in verschieden Produktbereichen. In diesem Zusammenhang sind auch die ersten Theorien zur Erklärung der Zufriedenheit/Unzufriedenheit von Kunden erschienen, wobei man diese Überlegungen vorwiegend auf der Grundlage dissonanztheoretischer Überlegungen anstellte. Man versuchte, neben den klassischen theoretischen Konstrukten wie Einstellungen, Involvement, Emotionen, Werte u.a.m. in der Marketingforschung weitere Bestimmungsfaktoren des Konsumentenverhaltens über die Erklärung der Zufriedenheit und Unzufriedenheit von Kunden zu finden.

Etwa seit Mitte der siebziger Jahre bildet die Kundenzufriedenheit und das Beschwerdeverhalten einen Schwerpunkt in der Marketingforschung. Seit 1976 finden jährlich Kongresse statt, die sich ausschließlich mit Fragestellungen der Zufriedenheit und des Beschwerdeverhaltens von Konsumenten beschäftigen und in umfangreichen Tagungsberichten dokumen-

[2] vgl. McNeal (1969), S. 31-35

tiert werden. In der deutschsprachigen Literatur ist eine intensive Beschäftigung mit dem Konstrukt der Kundenzufriedenheit seit Anfang der achtziger Jahre zu beobachten.

Inzwischen ist die Vielzahl von Veröffentlichungen zum Thema Kundenzufriedenheit, vor allem im anglo-amerikanischen Raum, kaum mehr zu überschauen. Ein Grund für die intensive Auseinandersetzung mit der Kundenzufriedenheit in Literatur und Praxis ist auch in dem vieldiskutierten Qualitätsmanagement zu sehen, daß Kundenzufriedenheit als oberstes Ziel beschreibt. Dennoch bilden dabei auf umfassende theoretische Analysen aufbauende Abhandlungen jedoch eher die Ausnahme. Durch eine Vielzahl divergierender Ansätze auf diesem Gebiet wird deren Unübersichtlichkeit erhöht und der Mangel an einer allgemein anerkannten Theorie der Kundenzufriedenheit noch verstärkt. Hierdurch kann nicht auf eine allgemein anerkannte Definition von Zufriedenheit sowohl auf der theoretischen als auch auf der empirischen Sprachebene und damit auf eine Theorie der Zufriedenheit zurückgegriffen werden. Die Vielzahl von Abhandlungen sollten jedoch nicht über den Tatbestand hinwegtäuschen, daß Kundenzufriedenheit in der Marketing-Theorie insgesamt nach wie vor lediglich eine periphere Rolle spielt. Dies begründet sich auch unter anderem darin, daß sich ein Großteil der bisherigen Beiträge zur Zufriedenheitsforschung auf Themen zur Unzufriedenheit konzentriert hat (z.B. Beschwerdeverhalten, Beschwerdemanagement). Dennoch scheint es im Hinblick auf den Untersuchungsgegenstand dieser Arbeit unerläßlich, eine konsensfähige Definition von Kundenzufriedenheit zu formulieren und anschließend zu **operationalisieren**.

2. Definition und Operationalisierung von Kundenzufriedenheit

2.1 Zum Inhalt von Kundenzufriedenheit

Zufriedenheit kann zu den psychologischen Phänomenen gezählt werden, von denen alle Menschen eine mehr oder minder genaue, wenn auch eine individuell unterschiedliche Vorstellung haben. Der Begriff der Zufriedenheit ist positiv belegt und beschreibt ein angenehmes Gefühl. 'Zufrieden sein' meint Bedeutungsinhalte wie Sich-wohl-fühlen, befriedigt, klaglos, satt, freudig oder glücklich sein, Genugtuung empfinden etc.

Somit ist es eindeutig, daß es sich bei der Zufriedenheit um eine emotionale Reaktion handelt. In Bezug auf wirtschaftliche Austauschvorgänge ist somit Zufriedenheit bzw. Unzufriedenheit die emotionale Reaktion eines Kunden auf eine unternehmerische Leistung.

Wie Zufriedenheit bzw. Unzufriedenheit entsteht wird in der Literatur im wesentlichen entweder aus der Sicht der Psychologie bzw. der Sozialpsycholgie, in wenigen Fällen aus der Sicht der Ökonomie erklärt. Da der Erklärungswert des ökonomisch ausgerichteten Ansatzes wenig geeignet ist, hat sich in der Literatur weitgehend der sozial-psychologische Ansatz zur Definition der Kundenzufriedenheit und hier insbesondere das sog. Disconfirmation-Modell durchgesetzt.

Abb.1 : Überblick über Richtungen der Kundenzufriedenheitsforschung[3]

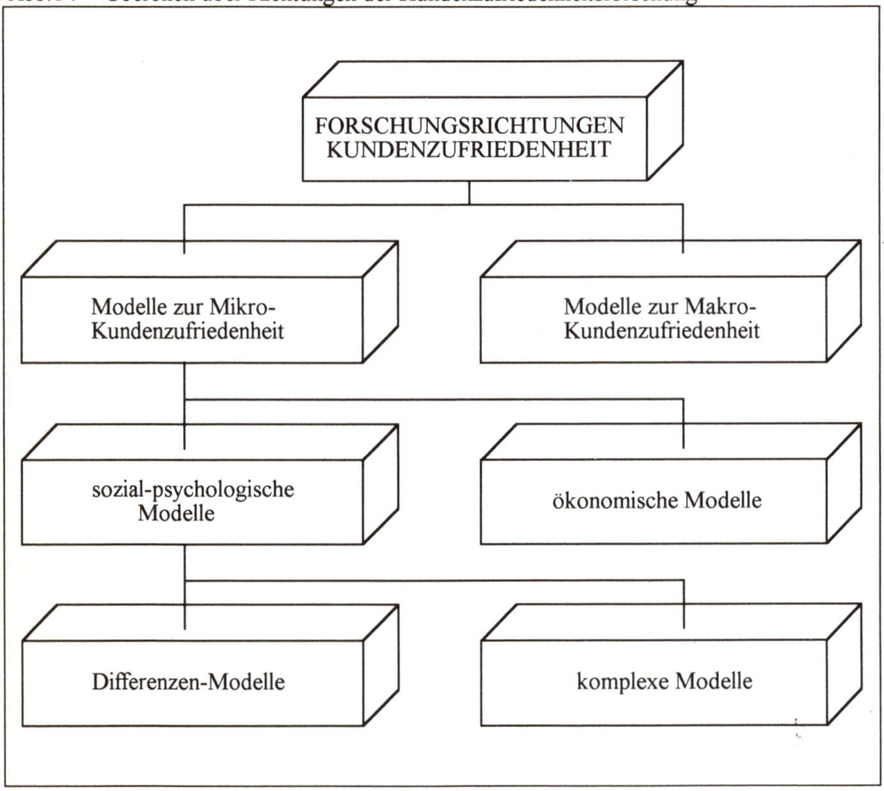

Das Disconfirmation-Modell erklärt die Entstehung von Zufriedenheit bzw. Unzufriedenheit durch den Vergleich von individuellen Erwartungen bei der Produktleistung als Anspruchsniveau mit den durch die Produktnutzung erlebten Erfahrungen.[4]

Ausgangspunkt für das Entstehen von Zufriedenheit bzw. Unzufriedenheit ist hierbei die Bestätigung bzw. Nicht-Bestätigung von Erwartungen. Vor der Inanspruchnahme einer unternehmerischen Leistung bilden sich bei einem Kunden bewußt oder unbewußt gewisse Vor-

[3] vgl. Riemer (1986), S. 50

[4] vgl. zum Disconfirmation-Modell u.a. Bruhn (1985), S. 302f.; Graf (1990), S. 39f.; Gierl, Sipple (1993), S. 240f.

stellungen, was ein Produkt leisten soll. **Entsprechen die Erfahrungen mit einem Produkt, die während bzw. nach dessen Inanspruchnahme entstehen, den Erwartungen an dieses Produkt, so ist eine Bestätigung gegeben.** Eine Nicht-Bestätigung liegt dann vor, wenn eine Übereinstimmung von Erfahrungen und Erwartungen nicht gegeben ist. Hierbei unterscheidet man zwischen der positiven und der negativen Nicht-Bestätigung. Bei einer positiven Nicht-Bestätigung übertreffen die Erfahrungen die Erwartungen. Werden die Erwartungen nicht erfüllt, so spricht man von einer negativen Nicht-Bestätigung. Die Bestätigung bzw. die Nicht-Bestätigung von Erwartungen ergibt sich somit aus einem Soll-Ist-Vergleich bzw. dem Vergleich zwischen den Erwartungen an ein Produkt und den Erfahrungen mit einem Produkt.

Erst im Anschluß an diesen kognitiven Vergleich erfolgt eine emotionale Bewertung, wobei das Ausmaß der Bestätigung und Nicht-Bestätigung wesentlich die emotionale Bewertung beeinflußt. Werden die Erwartungen des Kunden erfüllt (Bestätigung) bzw. übertroffen (positive Nicht-Bestätigung), so ist Zufriedenheit gegeben. Werden die Erwartungen des Kunden nicht erfüllt (negative Nicht-Bestätigung), so ist er unzufrieden. Je größer das Ausmaß der Bestätigung bzw. der Nicht-Bestätigung, desto intensiver ist die emotionale Reaktion. In diesem Zusammenhang sei darauf hingewiesen, daß kleine Abweichungen zwischen Ist- und Soll-Leistung nicht als positive oder negative Nicht-Bestätigung, sondern als Bestätigung wahrgenommen werden.

Auf der Grundlage dieser Überlegungen und somit in weitgehender Übereinstimmung mit der Literatur kann Kundenzufriedenheit definiert werden als gefühlsmäßige (affektive) Reaktion auf einen kognitiven Vergleich von Erwartungen und Erfahrungen und eine damit verbundene Bestätigung bzw. Nicht-Bestätigung von Erwartungen. Oder anders ausgedrückt: **Kundenzufriedenheit ist das "Ergebnis eines psychischen Vergleichsprozesses zwischen der wahrgenommen Produktrealität und der Erwartungen"[5] an diesem Produkt.**

2.2 Die Soll-Komponente der Kundenzufriedenheit

Allgemein versteht man unter den Erwartungen die Gesamtheit der Vorstellungen eines Kunden über das Spektrum einer Unternehmensleistung. Die Erwartungen eines potentiellen Käufers einer Waschmaschine könnten z.B. wie folgt aussehen: freundlicher und hilfsbereiter Verkäufer, fachkundige Beratung, günstiger Preis, robuste und wassersparende Maschine, lange Garantiezeit, schnelle Erreichbarkeit des Kundendienstes im Fall einer Störung u.v.a.m. Dieses Beispiel zeigt andeutungsweise an, wie umfangreich und komplex Erwar-

[5] vgl. Lingenfelder, Schneider (1991), S. 29

tungen sein können. Das ist auch u.a. der Grund, warum sich die Erfüllung der Erwartungen der Kunden für Unternehmen oftmals schwierig gestaltet.

Im Allgemeinen entstehen Erwartungen durch:

- *Die persönlichen Bedürfnisse*
  Die einzelnen Anforderungen unterschiedlicher Kunden beeinflussen die Erwartungen an eine Unternehmensleistung sehr stark. Ein Kunde, der eine Waschmaschine zum 'Hausgebrauch' nutzt, wird andere Ansprüche an das Leistungsspektrum haben als ein Kunde, der diese professionell einsetzen möchte (z.B. Wäscherei).
- *Das Ausmaß der bisherigen Erfahrungen*
  Alle bisherigen Erfahrungen der Kunden bilden eine wichtige Grundlage für die Erwartungen an eine spezifische Unternehmensleistung. Ein Kunde, der schon Erfahrungen mit einer Waschmaschine gesammelt hat, wird andere Erwartungen haben als ein Neukunde.
- *Die direkte Kommunikation über die Unternehmensleistung*
  Die Kommunikation des Unternehmens, sei es in Medien oder im Verkaufsgespräch, ist maßgebend für die Erwartungen des Kunden. Versprechen Werbeanzeigen oder Verkäufer bestimmte Leistungsmerkmale, so erwartet der Kunde, diese Leistungen auch nach dem Kauf zu erhalten.
- *Die indirekte Kommunikation über die Unternehmensleistung*
  Neben der vom Unternehmen direkt steuerbaren Kommunikation beeinflußt die indirekte Kommunikation die Erwartungen des Kunden. Hierzu gehört vor allem die Mund-zu-Mund-Kommunikation von Freunden und Bekannten und die Kommunikation über ein Leistungsspektrum durch unabhängige Medien (z.B. Stiftung Warentest).

Die Art und Weise wie Erwartungen entstehen, beeinflußt auch die Höhe von Erwartungen bzw. den Ausprägungsgrad von Erwartungen:

- *realistische Erwartung*
  wahrscheinlichste Ist-Leistung, die auf Erfahrungen mit dem Produkt oder auf Informationen über dieses Produkt beruht;
- *ideale Erwartung*
  Zielorientierung der Person (Idealausprägungen);
- *tolerierbare Leistung*
  Ist-Leistung, die die Person gerade noch zu akzeptieren bereit ist;
- *faire Leistung*
  Ist-Leistung, die die Person als gerecht für ihren Input ansieht;
- *erfahrungsgestützte Erwartung*
  Ist-Leistung, die auf Erfahrungen mit allen Produkten der Produktkategorie basiert.

Mit welchen Erwartungen ein Kunde eine wahrgenommene Leistung eines Unternehmens vergleicht, kann nicht geklärt werden. Die Erwartungsstruktur von Kunden ist zu unterschiedlich und zu dynamisch, um eine Generalisierung vornehmen zu können. Dies begründet sich unter anderem durch die Feststellung, daß ein und dieselbe Leistung eines Unternehmens bei dem einen Kunden die Erwartungen erfüllt, bei einem anderen Kunden die Erwartungen enttäuscht.

Diese mangelnde Operationalisierbarkeit des Erwartungsbegriffs hat nachhaltige Folgen für die Messung der Kundenzufriedenheit über die Differenzbildung von Soll- und Ist-Leistung. Wenn nicht klar ist, wie ein Kunde seine Erwartungshaltung an eine unternehmerische Leistung begründet, kann keine Differenzbildung anhand der wahrgenommenen Leistung erfolgen, da dies zu Verzerrungen führen würde.

Zusammengefaßt kann also festgehalten werden, daß die Soll-Komponente der Kundenzufriedenheit bzw. die Erwartungen der Kunden von einer Vielzahl von Faktoren beeinflußt werden, und daß der Ausprägungsgrad bzw. die Höhe von Erwartungen individuell unterschiedlich ausfällt.

Die Soll-Komponente stellt den Referenzpunkt für die Beurteilung eines Produkts dar. Ausgehend von den Erwartungen werden die Erfahrungen mit einem Produkt bewertet. Aus diesem Grund soll im folgenden die Ist-Komponente näher erläutert werden.

2.3 Die Ist-Komponente der Kundenzufriedenheit

Die wahrgenommene Produktrealität bzw. die Erfahrungen mit einem Produkt stellen die sog. Ist-Komponente im Rahmen eines Soll-Ist-Vergleichs dar. Erfahrungen entstehen während oder nach dem Ge- oder Verbrauch eines Produkts (Wahrnehmung der Produktleistung). Erst mit Hilfe dieser Erfahrungen kann ein Kunde feststellen, ob seine Erwartungen erfüllt sind oder nicht. Stellt z.B. der Käufer einer Waschmaschine nach dem Kauf fest, daß die Maschine nicht so wassersparend arbeitet wie er sich das erwartet hat, so werden seine Erwartungen nicht erfüllt. Möglicherweise ist diese negative Nicht-Bestätigung für ihn so ausschlaggebend, daß er insgesamt unzufrieden mit dieser Waschmaschine ist.
Für den Kunden ist die wahrgenommene Produktrealität das für ihn wichtigste Ergebnis der Unternehmensleistung. Hierbei ist festzustellen, daß die Produktrealität nicht nur das zentrale Gut oder die Dienstleistung, sondern alle damit in Verbindung stehenden Leistungen umfaßt.

Bei nicht-bestätigten Erwartungen können Verzerrungen hinsichtlich der Wahrnehmung der Produktleistung entstehen. Dies begründet sich u.a. aus der Motivationstheorie, nach dem ein Individuum i.d.R. nach Gleichgewicht strebt, und selbst aktiv werden kann, um bei

Ungleichgewicht einen Zustand psychischer Entspannung wiederherzustellen. Hierzu haben sich in der Literatur folgende Theorien gebildet[6]:

- *Assimilationstheorie*
  Einige Kunden korrigieren ihre Produktwahrnehmung in der Weise, daß sie mit ihren Erwartungen besser im Einklang stehen. Hier steht die Minimierung oder Assimilation der Diskrepanz zwischen Erwartungen und Produktleistung im Vordergrund (Vermeidung kognitiver Dissonanzen).
- *Kontrasttheorie*
  Entspricht die Produktleistung nicht den subjektiven Erwartungen, so wird das Produkt noch ungünstiger bewertet. Einige Kunden vergrößern damit die Diskrepanz zwischen den Erwartungen und der tatsächlichen Produktleistung.
- *Generelle Verneinungstheorie*
  Treten Diskrepanzen zwischen den Erwartungen und der tatsächlichen Leistung auf, so kann dies bei Kunden zu einer generellen negativen Einstellung gegenüber dem Produkt führen. Das Produkt wird dann ungünstiger bewertet, als wenn keine spezifischen Erwartungen bestünden.
- *Assimilation-Kontrast-Theorie*
  Die Kundenreaktion wird in Abhängigkeit von einem Spielraum gesehen, der zu einer Akzeptanz bzw. Zurückweisung der Diskrepanz führt. Ist die Diskrepanz vergleichsweise gering und wird diese vom Konsumenten akzeptiert, so führt dies zu einer Assimilation der Diskrepanz. Wird die Diskrepanz nicht mehr akzeptiert, so kommt es zu Kontrasteffekten.

Diese Verzerrungen bei der Wahrnehmung der Produktleistung beeinflussen in einem starkem Maße den Soll-Ist-Vergleich und die darauf folgende emotionale Bewertung. Ebenfalls erschweren diese Wahrnehmungsverzerrungen die Messung der Kundenzufriedenheit über die Differenzbildung von Soll- und Ist-Werten.

2.4 Der Soll-Ist-Vergleich der Kundenzufriedenheit

Der Vergleich von Soll-Leistung und Ist-Leistung führt zu einer Bestätigung oder Nicht-Bestätigung von Erwartungen. Das Gefühl der Zufriedenheit bzw. Unzufriedenheit entsteht durch die Bewertung dieser Bestätigung bzw. Nicht-Bestätigung. Unzufriedenheit entsteht bei einer negativen Nicht-Bestätigung. Bei einer positiven Nicht-Bestätigung und der Bestätigung wird Zufriedenheit empfunden. Es ist jedoch offensichtlich, daß der Grad der Zufriedenheit davon abhängt, ob die Erwartungen nur erfüllt worden sind (Bestätigung) oder ob die Erwartungen mehr als erfüllt worden sind (positive Nicht-Bestätigung). Deshalb ist

[6] vgl. Bruhn (1985), S. 302f.

die Zufriedenheit in eine stabilisierende und in eine progressive Kundenzufriedenheit zu unterteilen.

Abb. 2 : Kundenzufriedenheit als emotionale Reaktion auf einen kognitiven Vergleich

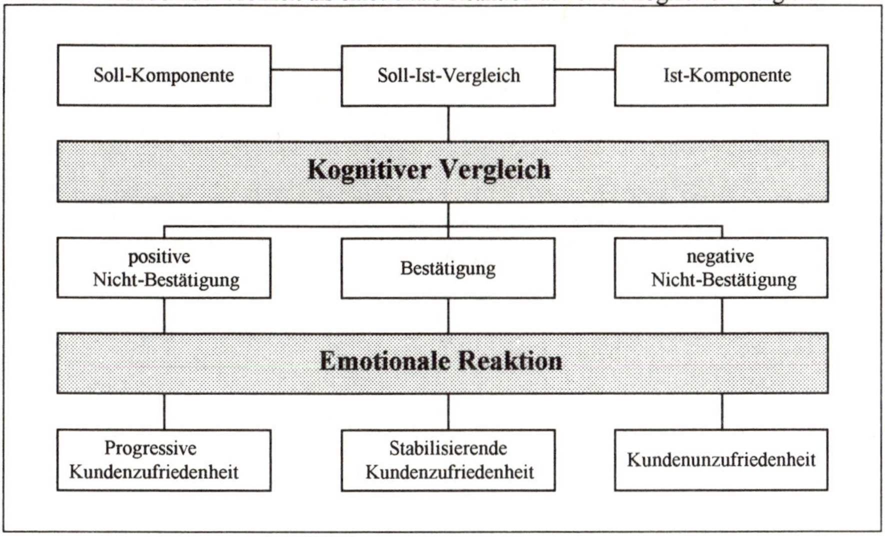

Im folgenden soll die progressive und stabilisierende Kundenzufriedenheit und die Kundenunzufriedenheit zusammengefaßt dargestellt werden.[7]

❒ *Positive Nicht-Bestätigung: progressive Kundenzufriedenheit*

Werden die vom Kunden gesetzten Erwartungen durch die Erfahrungen übertroffen, so wird ein hoher Grad an Zufriedenheit empfunden. Diese übertroffenen Erwartungen führen in der Regel zu einer Erhöhung der Erwartungen (progressive Kundenzufriedenheit). Ist z.B. der Kunde eines Reisebüros über seine Erwartungen hinaus beraten und informiert worden, so erhöhen sich die Erwartungen dieses Kunden insoweit, daß er beim nächsten Besuch des Reisebüros eine ebenso intensive Beratung erwartet, wie beim ersten Mal. Somit betrachtet ist Kundenzufriedenheit kein endgültig erreichbares Ziel, sondern eher eine sich ständig entwickelnde Zielvorgabe.

❒ *Bestätigung: stabilisierende Kundenzufriedenheit*

Im Fall, wo Erwartungen und Wahrnehmungen gleich sind, spricht man von stabilisierender Kundenzufriedenheit. Der Kunde ist zufrieden und behält seine Erwartungen bei. Die exakte Erfüllung der Erwartungen, die ohnedies seitens des Kunden in den allerseltensten Fällen so genau spezifiziert werden kann, ist aber weder einfach noch der

[7] vgl. Lingenfelder, Schneider (1991), S. 30

optimale Zustand. Grundsätzlich suchen Individuen die Verbesserung eines einmal erreichten Zustandes, also progressive Kundenzufriedenheit. Wenn erhöhte Erwartungen zuerst von einem Wettbewerber erfüllt werden, so birgt ein Managementansatz, der auf der Basis der stabilisierenden Kundenzufriedenheit beruht, die Gefahr des Verlustes der Geschäftsbeziehung in sich. Unternehmen sollten deshalb kontinuierlich versuchen die erwartete Unternehmensleistung zu übertreffen.

Abb. 3 : Potentielle Verhaltensalternativen von Kunden bei Unzufriedenheit[8]

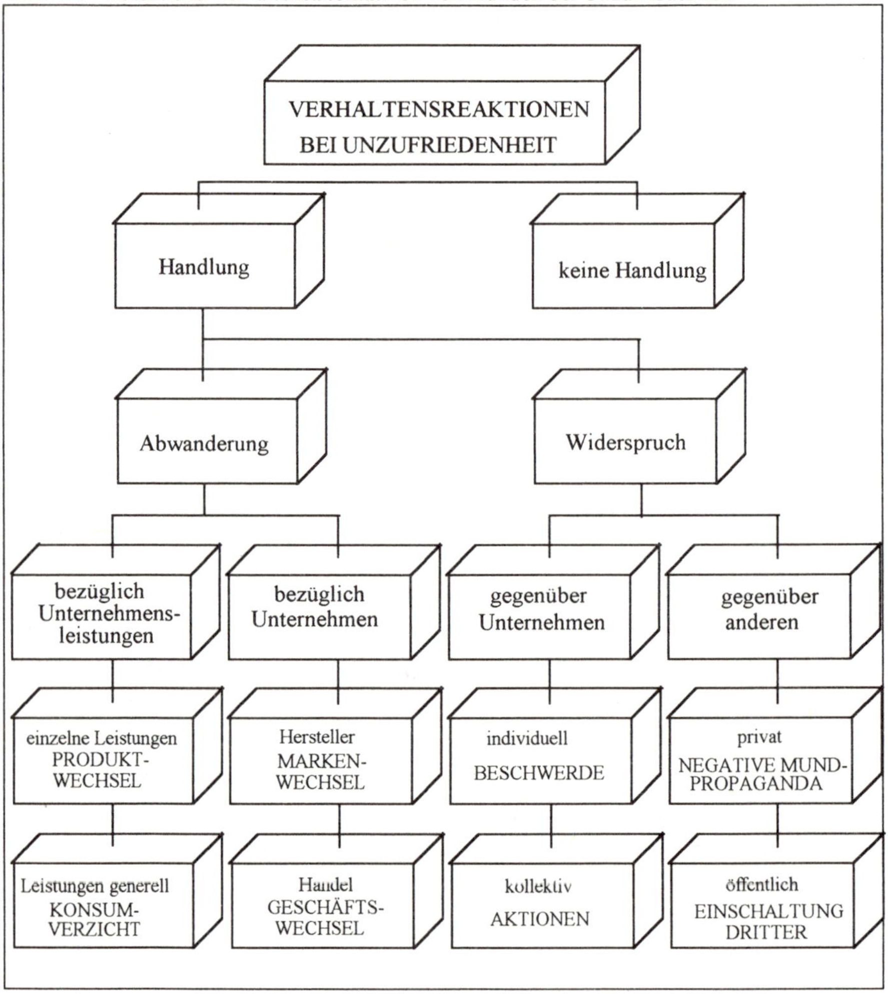

[8] vgl. Riemer (1986), S. 70

- *Negative Nicht-Bestätigung: Unzufriedenheit*
  Die wahrgenommene Unternehmensleistung kann geringer ausfallen als die erwartete Leistung. Dies kann aus zu hohen Erwartungen seitens des Kunden (z.B. durch falsche oder unzureichende Informationen) und/oder unzureichender Leistung resultieren. Die Folge ist Kundenunzufriedenheit. Diese Unzufriedenheit muß aber nicht gleichbedeutend mit dem Verlust der Kunden sein. Die oben erwähnten psychologischen Theorien zeigen auf, daß eine Veränderung der Wahrnehmung der Produktleistung durchaus vorgenommen werden kann.
  Mögliche Handlungsweisen von Unzufriedenheit sind aus Abbildung 3 ersichtlich.

2.5 Abgrenzung Kundenzufriedenheit und Qualität

Im Hinblick auf die bisherige Interpretation des Konstrukts Kundenzufriedenheit ist es offensichtlich, daß Kundenzufriedenheit bzw. die Komponenten von Kundenzufriedenheit sehr viel mit Qualität zu tun haben.

Daß Kundenzufriedenheit sehr stark mit Qualität in Verbindung steht, wird u.a. durch die Tatsache unterstrichen, daß heute viele Unternehmen zur Sicherung der Erstellung von Leistungen, die den Wünschen bzw. Erwartungen der Kunden entsprechen, in Qualitätssicherung und Qualitätsmanagement investieren. Insbesondere die Einrichtung von Qualitätsmanagementsystemen, wie z.B. DIN ISO 9000ff. und Total Quality Management (TQM), ist z.Z. Gegenstand von Diskussionen in Literatur und Praxis. Ziel dieser vieldiskutierten Qualitätsmanagementsystemen ist die Erzielung bzw. Erhöhung der Zufriedenheit der Kunden.

Wird Qualität in einem ersten Schritt im weitesten Sinne als die Beschaffenheit einer Leistung verstanden und nicht nur auf den technischen Aspekt einer unternehmerischen Leistung bezogen, so verfestigt sich dieser Eindruck.
Die Erwartungen des Kunden an eine unternehmerische Leistung können durchaus auch als Qualitätsvorstellungen bezeichnet werden. Ebenso kann die wahrgenommene Produktrealität als wahrgenommene Produktqualität beschrieben werden.
Unternehmen liefern ein mehr oder weniger bestimmbares Maß an Qualität. Ob sie damit die Anforderungen des Kunden wirklich treffen, konkretisiert sich aber erst in der Bewertung durch den Kunden. Er empfindet Zufriedenheit oder Unzufriedenheit. Zufriedenheit kann somit als die situativ erlebte Qualität der Angebotsleistung durch den Kunden verstanden werden. Somit beeinflußt die wahrgenommene Qualität die Kundenzufriedenheit. Obwohl andere Autoren diese Wirkungsbeziehung umgekehrt definieren, wird sich im folgenden der Überlegung angeschlossen, daß die Qualität (Qualitätsvorstellungen und Produktqualität) die Kundenzufriedenheit beeinflußt.

3. Die Ursachen von Kundenzufriedenheit

Wie schon mehrmals festgehalten, entsteht Kundenzufriedenheit, wenn die Erwartungen an eine unternehmerische Leistung erfüllt bzw. mehr als erfüllt wurden. An dieser Stelle soll nun geprüft werden, welche Erwartungen erfüllt werden müssen, damit nachhaltige Kundenzufriedenheit entsteht.

Zur Beantwortung dieser Frage erscheint es angebracht, den Produktbegriff zu differenzieren. Hierzu bietet sich die Betrachtung von Kotler an, der u.a. zwischen dem formalen und dem erweiterten Produkt unterscheidet.[9] Das formale Produkt bezieht sich auf die materielle oder immaterielle Einheit und umfaßt jene Aspekte, die als zentrales Kaufobjekt betrachtet werden (Sach- oder Dienstleistung). Das formale Produkt kann auch als die unternehmerische Kernleistung bezeichnet werden. Das erweiterte Produkt beinhaltet dagegen alle zusätzlichen Dienstleistungen, die mit dem Produkt verbunden sind (z.B. Beratung, Schulung, etc.). Sie werden in der Regel unter dem Begriff Zusatzleistungen oder Service subsumiert.

Es stellt sich nun die Frage, ob die Kernleistung oder die Zusatzleistung mehr zu der Kundenzufriedenheit beiträgt. Es gilt also zu beantworten, ob die Erfüllung von Erwartungen bezüglich der Kernleistung für die Kundenzufriedenheit bedeutsamer ist als die Erfüllung von Erwartungen bezüglich der Zusatzleistungen.

In Übereinstimmung mit der Literatur kann festgehalten werden, daß die Erfüllung von Erwartungen bezüglich der Zusatzleistungen wesentlich stärker zur Kundenzufriedenheit beiträgt als die Erfüllung der Erwartungen bezüglich der Kernleistung. Dies wird u.a. damit begründet, daß Unternehmen kaum noch durch die Kernleistung Wettbewerbsvorteile realisieren können. Da auf gesättigten Märkten die Produkte der einzelnen Unternehmen in bezug auf ihre Kernleistung mehr oder weniger übereinstimmen, können Kunden ohne großes Risiko zwischen einzelnen Marken oder Unternehmen hin und her wechseln. Nur noch in den seltensten Fällen gelingt es Unternehmen sich beim Kunden mittels des Produkts sich von der Konkurrenz zu differenzieren. Vielmehr zeigt sich die fast völlige Austauschbarkeit von Produkten, vor allem im Dienstleistungs- und Konsumgüterbereich. Aus diesem Grund ist oftmals nur noch eine Differenzierung gegenüber der Konkurrenz über die Zusatzleistungen möglich. In diesem Teil des Leistungsangebots liegen heute verstärkt die kaufentscheidende Argumente. "Die Spreu vom Weizen wird durch den Service und die Dienstleistung rund um das Produkt getrennt."[10]
Zusatzleistungen, also produktbegleitende Leistungen werden sowohl für den Kunden als auch für anbietende Unternehmen immer wichtiger. Dies betrifft u.a. nicht nur die ausführliche und kompetente Beratung und Information vor dem Kauf, sondern vor allem

---

[9] vgl. Kotler (1989), S. 364
[10] Grüne (1995), S. 15

die intensive Betreuung nach Erwerb eines Produktes: bei der Lieferung, der Installation und Inbetriebnahme und dem After-Sales-Service.

Daß die Zusatzleistungen im Gegensatz zur Kernleistung eine wesentlich größere Rolle für die Entstehung von Kundenzufriedenheit spielen, wurde in der Zwischenzeit auch in vielen Untersuchungen empirisch belegt. Beispielhaft soll hier nur auf die Untersuchung von Rapp eingegangen werden, der empirisch festgestellt hat, daß für die Entstehung von Zufriedenheit bei Automobilbesitzern, nicht die technische Produktqualität, sondern im wesentlichen der Service verantwortlich ist.[11] Dies ist insoweit überraschend, da der Automobilbereich und insbesondere die Kommunikation der Automobilhersteller bis zum heutigen Tag stark technisch-orientiert ist (z.B. Werbeslogan von Audi: 'Vorsprung durch Technik').

Zusammengefaßt kann also festgestellt werden, daß die Zusatzleistungen bzw. der Service eine wesentlich größere Rolle für die Entstehung von Kundenzufriedenheit spielen als die Kernleistung.

4. Zur Bedeutung der Kundenzufriedenheit

Die besondere Bedeutung der Kundenzufriedenheit ist insbesondere aus dreierlei Sicht gegeben: Kundenzufriedenheit löst Wiederkäufe aus, zufriedene Kunden wandern nicht zur Konkurrenz ab und Kundenzufriedenheit kann als Maßstab zur Bewertung der eigenen Marketing-Maßnahmen herangezogen werden.

4.1 Kundenzufriedenheit und Wiederkäufe

Der wirtschaftliche Wandel und der schärfere Wettbewerb haben es den Unternehmen in den vergangenen Jahren schwerer gemacht, langfristig zu wachsen und hohe Renditen zu erzielen. Bei nur geringem Wachstum der Gesamtmärkte gibt es heute eine viel größere Auswahl von Produkten und Dienstleistungen. Zudem können die Unternehmen ihre Umsätze oder Gewinne nicht wie früher durch eine offensive Strategie absichern, mit der neue Kunden gewonnen werden sollen. Statt dessen müssen sie sich auf Defensiv-Strategien konzentrieren, um wenigstens die derzeitigen Kunden als Käufer ihrer Produkte und/oder Dienstleistungen zu behalten. Auch aus Kostengründen ist die Erzielung von Wiederkäufen relevant. Immerhin ist es bis zu fünfmal teurer einen neuen Kunden zu gewinnen, als einen alten zu halten. Aus diesen Gründen spielen Wiederholungskäufe eine besondere Rolle.

[11] vgl. Rapp (1995), S. 137, S. 147ff.

Diese Bedeutung wird durch die Tatsache erhöht, daß "im allgemeinen auf Wiederholungskäufe nahezu 70 Prozent des Umsatzes entfallen"[12]. Dieser Sachverhalt macht die Kundenzufriedenheit zu einem bedeutenden Faktor. Das die Kundenzufriedenheit für Wiederkäufe eine wichtige Rolle spielt ist eine logische Schlußfolgerung. In Käufermärkten erfolgt der Wiederkauf eines Produkts oder die Inanspruchnahme einer Dienstleistung aufgrund von Ausweichmöglichkeiten nur dann, wenn sich die Erwartungen des Kunden erfüllt haben. Im Fall von Unzufriedenheit ist hingegen damit zu rechnen, daß die Kunden das Produkt nicht mehr kaufen oder die Dienstleistung nicht mehr in Anspruch nehmen. Ein zufriedener Kunde kommt dagegen nicht nur wieder, er schenkt auch anderen Anbietern und deren Marketing-Maßnahmen geringere Aufmerksamkeit, er hat zusätzliche Problemlösungsbedarfe und er spricht positiv über den Anbieter gegenüber anderen. Somit heißt der Schlüssel zum 'Halten' bestehender Kunden Kundenzufriedenheit.

4.2 Kundenzufriedenheit als Quelle komparativer Wettbewerbsvorteile

Aufgrund des zunehmend stärkeren Wettbewerbs können in Konkurrenz stehende Anbieter auf Dauer nur überleben, wenn sie das Problem des Nachfragers besser lösen können als die Konkurrenz. Ein solches Verständnis bedeutet die Suche nach und die Realisierung von komparativen Wettbewerbsvorteilen. Für ein Unternehmen bedeutet dies, sich konsequent an den Bedürfnissen der Nachfrager zu orientieren. Somit ist Kundenorientierung das Mittel zur Erreichung von Wettbewerbsvorteilen. Eine derartige Orientierung zielt auf das Erreichen eines geplanten Zufriedenheitsniveaus der Kunden, also auf Kundenzufriedenheit ab.

Im Zusammenhang mit der Diskussion über die Kundenzufriedenheit als Quelle von komparativen Wettbewerbsvorteilen wird in der Literatur oftmals die TARP-Studie (Technical Assistance Research Program) ins Feld geführt. Die TARP-Studie wurde in den siebziger Jahren im Zuge der Konsumerismus-Bewegung im Auftrag der US-amerikanischen Regierung ins Leben gerufen. In einer repräsentativen, großangelegten Untersuchung wurde das Beschwerdeverhalten von Konsumenten untersucht. Diese Studie besagt u.a., daß zufriedene Kunden ihre Erfahrungen im Durchschnitt drei weiteren Personen mitteilen. Dagegen berichten unzufriedene Kunden durchschnittlich neun bis zehn Personen über ihre negativen Erfahrungen.[13] Durch diese negative Mundpropaganda eröffnet sich für Unternehmen ein großes Gefahrenpotential und macht deutlich, wie erfolgsträchtig es für Unternehmen ist, sich aktiv mit unzufriedenen Kunden auseinanderzusetzen (Stichwort: Beschwerdemanagement). Wer besser als seine Konkurrenz darauf hinarbeitet, seine

---

[12] Griffin, Gleason, Preiss, Shevenaugh (1995), S. 65

[13] vgl. umfassend zu den Ergebnissen der TARP-Studien TARP (1979); TARP (1986)

Kunden zufrieden zu stellen, bzw. sich aktiv mit unzufriedenen Kunden auseinandersetzt, hebt sich ab und erlangt Wettbewerbsvorteile.

4.3 Kundenzufriedenheit als Effizenzgröße für das Marketing

Die Erreichung von Kundenzufriedenheit durch Kundenorientierung ist Ausdruck gültiger Marketingauffassungen. Diese Zielsetzung des Marketings impliziert die Frage, inwieweit Kundenzufriedenheit überhaupt Ziel des Marketing sein kann.

Eine differenzierte Betrachtung macht deutlich, daß sich das Ziel Kundenzufriedenheit nicht uneingeschränkt verfolgen läßt. So kann die Maximierung von Kundenzufriedenheit selbst nicht Ziel des Marketing sein, da Unternehmensleistungen, die dieses Ziel erreichen können, aufgrund der besonderen Anforderungen i.d.R. hohe Preise hätten und deshalb kaum nachgefragt würden, aber auch bei nicht kostendeckender Abgabe der Leistungen, bei der ein Absatz gewährleistet wäre, ist die Unternehmensexistenz gefährdet. Das Ziel Kundenzufriedenheit ist demzufolge nicht als dychotom (erreicht/nicht-erreicht) anzusehen, sondern es erscheint in unterschiedlichen Qualitäten erreichbar. Nach dieser Auffassung wird das Marketingziel 'Zufriedenheit' auf einem differenzierten Niveau anzusteuern sein. Kundenzufriedenheit als direkt anzustrebendes Ziel des Marketing ist darüber hinaus leicht mißverständlich, denn Unternehmen produzieren nicht Zufriedenheit, sondern Leistungen, deren Problemlösungseigenschaften erst Zufriedenheit auslösen. Um dies zu erzielen, haben Unternehmen die Bedürfnisse der Konsumenten aber schon im vornherein zu kennen.

Kundenzufriedenheit hat somit eine zweifache Bedeutung für das Marketing:[14]

- *Kundenzufriedenheit als Kontrollfunktion*
  Durch die Tatsache, daß eine Verfehlung des Ziels der Kundenzufriedenheit Unternehmen in bestimmten Situationen Nachteile verschafft, was sich allerdings erst retrospektiv erkennen läßt, kommt der Kundenzufriedenheit für das Marketing eine Kontrollfunktion zu.
- *Kundenzufriedenheit als Orientierungsfunktion*
  Da bei Kenntnis der Umstände, die zu Kundenunzufriedenheit führen könnten, prospektiv nur solche Leistungen anzubieten sind, die geeignet erscheinen, das Ziel Zufriedenheit zu erreichen, kann die Kundenzufriedenheit als Orientierungsfunktion für das Marketing angesehen werden.

[14] vgl. Riemer (1986), S. 16

5. Ziele von Zufriedenheitsmessungen

Kundenzufriedenheit als strategisches Ziel kann nur umgesetzt werden, wenn der Grad der Kundenzufriedenheit ständig gemessen wird und Ansatzpunkte zur Optimierung in diesen Messungen vorhanden sind.[15] Dies muß in einem systematisch gestalteten Ablauf geschehen. Dazu ist die Entwicklung eines Kundenzufriedenheitmeßmodells notwendig. Die Vorteile und Ziele der ständigen Überprüfung der Kundenzufriedenheit sind offensichtlich:

- *Kundenorientierte Unternehmensführung*
  Durch ständige Rückkopplung des Unternehmensangebots mit den Kundenerwartungen und -wahrnehmungen wird marktorientierte Unternehmensführung erst möglich (Kundenzufriedenheit als Kontrollfunktion, vgl. Teil B, Kapitel 4.3).
- *Wettbewerbsvergleiche*
  Kunden halten die Geschäftsbeziehung mit einem Unternehmen nur dann aufrecht, wenn dieses mindestens dieselbe Zufriedenheit bietet wie potentielle Wettbewerber. Dies zu erkennen und mit den eigenen Leistungen zu vergleichen, kann zugleich ein wichtiges Instrument der Wettbewerbsanalyse und der Optimierung des Angebots sein.
- *Vergleiche über die Zeit*
  Bei systematisch wiederkehrenden Erhebungen können Leistungsvergleiche über den Zeitablauf erkannt und optimiert werden. Ebenso lassen sich Aussagen über die langfristige Leistungsfähigkeit und Quellen der Wettbewerbsvorteile des Unternehmens gewinnen.
- *Gewinn von spezifischen Erkenntnissen*
  Gerade bei Innovationen und strategischen Änderungen ist es wichtig, eine Rückkopplung zu erhalten. Veränderungen der Kundenzufriedenheit können schnell erfaßt und damit für zukünftige Anpassungen prognostiziert werden.

6. Ansatzpunkte zur Messung der Kundenzufriedenheit

In der Literatur hat sich eine Einteilung der Verfahren zur Messung der Kundenzufriedenheit nach Andreasen[16] durchgesetzt, die in der Folgezeit weiter verfeinert wurde. Danach unterteilen sich die Verfahren bzw. die ihnen jeweils zugrundeliegenden Indikatoren im Hinblick auf die Messung von Zufriedenheit in objektive und subjektive Verfahren. Abbildung 4 zeigt die verschiedenen Verfahren zur Messung der Kundenzufriedenheit. Neben diesen Verfahren sind in der Literatur und in der Praxis noch weitere Verfahren zur Ermittlung der Kundenzufriedenheit entwickelt worden. Beispielhaft

[15] vgl. Rapp (1995), S. 86
[16] vgl. Andreasen (1982), S. 183ff.

sei hier nur auf die Dekompositionsverfahren und die Methode der Kritischen Ereignisse verwiesen.

Abb. 4 : Verfahren zur Messung der Kundenzufriedenheit[17]

Objektive Verfahren	**Subjektive Verfahren**	
Aggregierte Größen der Marktbearbeitung Umsatz Marktanteil Wiederkäuferrate Zurückgewinnungsrate Abwanderungsrate Qualitätskontrollen	**Implizite Messung**	Systematische Erfassung von Beschwerden Problem-Panels Befragung von Personen im Anbieterunternehmen
	Explizite Messung	Direkte Messung der Zufriedenheit anhand einer Zufriedenheitsskala Indirekte Messung der Zufriedenheit durch die Messung des Erfüllungsgrades von Erwartungen

6.1 Objektive Verfahren zur Messung der Kundenzufriedenheit

Objektive Verfahren beruhen auf der Betrachtung objektiver Indikatoren, d.h. sie stellen auf die Beobachtung von Größen ab, die keiner subjektiv verzerrten Wahrnehmung von Personen unterliegen. Zu den objektive Verfahren gehören u.a. aggregierte Größen der Marktbearbeitung. Beispiele für solche objektive Indikatoren sind Umsatz, Marktanteil und Wiederkaufsrate. Ebenso können auch Zurückgewinnungsraten und Abwanderungsraten von Kunden als Indikatoren für das Ausmaß an Zufriedenheit herangezogen werden. Diese Indikatoren weisen vor allem aus zweierlei Hinsicht erhebliche Mängel auf. Zum einen treten sie zeitlich verzögert auf, zum anderen sind solche Indikatoren auch anderen Wettbewerbskräften am Markt ausgesetzt, die den Blick für das tatsächlich hinter einem Verhalten stehende Ausmaß an Zufriedenheit verschleiern. Im Hinblick auf die Bindung von Kunden erscheint die Betrachtung von Wiederholungskaufakten als Indikator für Kundenzufriedenheit ebenfalls nicht sehr sinnvoll, da eine auf diesem Wege im nachhinein festgestellte Unzufriedenheit beim Kunden zu spät kommt, um noch gegensteuernde Maßnahmen einleiten zu können.

[17] in Anlehnung an Andreasen (1982), S. 184, Standop, Hesse (1985), S. 4; Lingenfelder, Schneider (1990), S. 4

Neben der Erfassung aggregierter Größen der Marktbearbeitung können objektive Verfahren in Form von Qualitätskontrollen beim Anbieter und beim Kunden erfolgen. Ständige Kontrollen der Qualität des Anbieters stellen aber ebenso keinen hinreichenden Indikator für Kundenzufriedenheit dar. Aufgrund sich ständig verändernder sowie individuell unterschiedlicher Bedürfnisse der Kunden müßten die Maßstäbe, anhand derer Zufriedenheit kontrolliert wird, ständig angepaßt werden, um valide Indikatoren für Kundenzufriedenheit darzustellen. Solche Verfahren stellen darüber hinaus eher auf die technische Qualität eines Produkts ab.

6.2 Subjektive Verfahren zur Messung der Kundenzufriedenheit

Subjektive Verfahren stellen im Gegensatz zu den objektiven Verfahren auf die Erfassung individuell unterschiedlich ausgeprägter psychischer Sachverhalte bzw. damit verbundenen Verhaltensweisen ab. Die subjektiven Verfahren können in implizite und explizite Verfahren unterteilt werden.

6.2.1 Implizite Messung der Kundenzufriedenheit

Implizite Verfahren messen Zufriedenheit anhand von Indikatoren, die einen mehr oder weniger eindeutigen Rückschluß auf das wirklich vorhandene Ausmaß an Zufriedenheit zulassen. Zu diesen Verfahren zählt die systematische Erfassung von Beschwerden, Problem-Panels (d.h. dauernde repräsentative Erhebungen über aktuell von Kunden wahrgenommene Probleme), aber auch Befragungen von Personen im Anbieterunternehmen mit Kundenkontakt. Diese können gebeten werden, ihre Einschätzung hinsichtlich der von ihnen wahrgenommenen Zufriedenheit von Kunden abzugeben.

Die einzelnen Formen der Verhaltenswirkungen von Kundenzufriedenheit stellen mögliche Indikatoren dar, die je nach Ausprägung auf ein bestimmtes, dahinter stehendes Ausmaß an Zufriedenheit schließen lassen. Dennoch gibt es einige Probleme, solche Verhaltenswirkungen als zuverlässige Indikatoren für Zufriedenheit zu betrachten. **So muß das Ausbleiben von Beschwerden nicht unbedingt auf Zufriedenheit zurückzuführen sein.** Hoher Zeitaufwand, mangelnde Aussicht auf Erfolg oder der mit der Beschwerde verbundene Ärger bilden gemäß verschiedenen empirischen Untersuchungen die Gründe, daß Kunden keine Beschwerdemaßnahmen ergreifen. Insofern unterliegen alle diejenigen Unternehmen einem Irrtum, die geringe Beschwerderaten als ausreichendes Indiz für Kundenzufriedenheit deuten.

Gegen die Messung der Kundenzufriedenheit anhand von Befragungen von Personen im Anbieterunternehmen läßt sich anführen, daß die hierdurch gewonnenen Informationen aufgrund der Subjektivität und Selektivität der Wahrnehmung des Kundenkontaktpersonals einer starken Verzerrung unterliegen.

6.2.2 Explizite Messung der Kundenzufriedenheit

Explizite Verfahren ermitteln den Grad empfundener Zufriedenheit nicht unter Rückschluß auf andere Indikatoren. Hier wird also die Zufriedenheit direkt, also ohne Rückschluß auf irgendwelche Indikatoren ermittelt.
Der Vorteil dieses Ansatzes ist in seiner verhaltenswissenschaftlichen Fundierung zu sehen. Anforderungen an die zukünftige Gestaltung von Marketing-Maßnahmen können direkt aus den Ergebnissen entsprechender Untersuchungen abgeleitet werden. Wichtige Nachteile der expliziten Verfahren sind in der oft mangelnden Abbildbarkeit individueller psychischer Abläufe zu sehen, verbunden mit Ergebnisverfälschungen, die durch ein 'Zwängen' von Befragten in eine kognitive Realität entstehen, die nicht der jeweils befragten Person entspricht. Aus ökonomischer Sicht können Kostenargumente gegen den Einsatz expliziter Verfahren sprechen.

Um die Kundenzufriedenheit ohne Rückschluß auf andere Indikatoren zu ermitteln, gilt es vorab die Frage zu klären, wie das Gefühl der Zufriedenheit bzw. Unzufriedenheit zustandekommt. Kunden nehmen einzelne Teilleistungen eines konsumierten Produktes differenziert war und sind somit prinzipiell in der Lage, Teilzufriedenheiten zu empfinden. Diese empfundenen Teilzufriedenheiten werden von den Kunden psychisch zu einer umfassenden Gesamtzufriedenheit mit der konsumierten Leistung aggregiert.
Auf Grundlage dieser Überlegungen läßt sich die Zufriedenheit mit einer unternehmerischen Leistung wie folgt formulieren[18]:

$$GZ_{ij} = f(EZ_{ij1}, EZ_{ij2}, \ldots, EZ_{ijn})$$

wobei GZ_{ij} : Gesamtzufriedenheit des Kunden i bezüglich Leistung j
EZ_{ijk} : Einzelzufriedenheit mit Merkmale k (k= 1, ..., n) der Leistung j des Kunden i

Die Gesamtzufriedenheit ergibt sich somit aus den einzelnen Teilzufriedenheiten.

Für die Messung der Kundenzufriedenheit bieten sich auf dieser Grundlage zwei Überlegungen an. Zum einen kann die Messung der Kundenzufriedenheit auf die Gesamtzufriedenheit, zum anderen auf die Teilzufriedenheiten abstellen. Bei der ersten Variante wird also

[18] vgl. Kroeber-Riel (1990), S. 312

darauf verzichtet, die Teilzufriedenheiten zu ermitteln. Die Kunden werden direkt nach ihrer Gesamtzufriedenheit mit einer unternehmerischen Leistung befragt. Bei dieser undifferenzierten Erfassung der Kundenzufriedenheit wird also darauf verzichtet, die Quellen der Zufriedenheit bzw. Unzufriedenheit zu ermitteln. Deshalb gibt diese Form der Zufriedenheitsmessung eher eine diffuse Zufriedenheitsstimmung des Kunden wieder. Sie liefern für das Marketing des Unternehmens zwar Hinweise darauf, ob überhaupt Handlungsbedarf besteht. Sie stellen jedoch keine ausreichende Informationsgrundlage für die Gestaltung des Handlungsbedarfs dar. Zwar ist es für ein Unternehmen bereits hilfreich zu wissen, ob seine Kunden zufrieden oder unzufrieden sind, dennoch erscheint es aber im Hinblick auf die Abstellung von Ursachen für eine mögliche Unzufriedenheit unumgänglich, Kenntnis darüber zu erlangen, warum der Kunden unzufrieden ist. Aus diesem Grund erscheint es als angebracht, die Kundenzufriedenheit differenzierter zu erfassen.

Auf der Basis der kompensatorischen Modelle wird das Teilergebnis aus einer negativen Diskrepanz zwischen der Soll- und der Ist-Komponente durch das Teilergebnis einer positiven Diskrepanz zwischen der Soll- und Ist-Komponente ausgeglichen, während nach dem Erklärungsansatz der nicht-kompensatorischen Modelle ein solcher Ausgleich nicht stattfindet. Dem kompensatorischen Modell liegt die Vorstellung zugrunde, daß sich die Teilzufriedenheiten durch eine linear-additive Aggregation zu einer Gesamtzufriedenheit zusammensetzen. Diesem Ansatz wird in dieser Arbeit gefolgt.
Mathematisch lassen sich diese Überlegungen wie folgt ausdrücken:[19]

$$GZ_{ij} = \Sigma \, EZ_{ijk} \quad \text{mit } k = 1, \ldots, n$$

wobei GZ_{ij} : Gesamtzufriedenheit des Kunden i mit der Leistung j
EZ_{ijk} : Einzelzufriedenheit mit Merkmal k (k = 1, ..., n) der Leistung j des Kunden i

Die Gesamtzufriedenheit mit einer unternehmerischen Leistung ergibt sich somit aus der Summe der Teil- oder Einzelzufriedenheiten.
Da die Quellen von Zufriedenheit bzw. Unzufriedenheit i.d.R. identifiziert werden sollen, stellt sich nur die Frage, wie die Einzelzufriedenheiten ermittelt werden sollen.
Hierfür gibt es grundsätzlich zwei Möglichkeiten:

- *indirekte Messung der Zufriedenheit durch die Messung des Erfüllungsgrades von Erwartungen,*
- *direkte Messung der Zufriedenheit anhand einer Zufriedenheitsskala.*

[19] vgl. Schütze (1992), S. 174

6.2.2.1 Indirekte Messung der Kundenzufriedenheit

Bei diesem Verfahren wird über eine Messung des Erfüllungsgrades von Erwartungen die Kundenzufriedenheit ermittelt. Grundlage für diese Vorgehensweise ist die Definition von Kundenzufriedenheit, die als die emotionale Reaktion auf eine Bestätigung bzw. Nicht-Bestätigung (Soll-Ist-Vergleich) von Erwartungen verstanden wird. Die Zufriedenheit ergibt sich somit aus der Differenz zwischen den Erwartungen und den Erfahrungen.

In Anlehnung an die Überlegungen von Trommsdorff läßt sich die Messung der Zufriedenheit durch die Messung des Erfüllungsgrades von Erwartungen wie folgt darstellen[20]:

$GZ_{ij} = \Sigma (L_{ijk} - E_{ijk})$ mit $k = 1, \ldots, n$

wobei GZ_{ij} : Gesamtzufriedenheit des Kunden i mit der Leistung j

L_{ijk} : Wahrgenomme Erfahrung hinsichtlich der Ausprägung des Merkmals k der Leistung j durch den Kunden i

E_{ijk} : Erwartung hinsichtlich des Merkmals k der Leistung j durch den Kunden i

Der wichtigste Vorteil dieser indirekten Form der Messung der Kundenzufriedenheit besteht in der Generierung zusätzlicher Informationen in Form situationsspezifischer Erwartungen.

Auf Grundlage dieser Überlegungen bieten sich zwei Verfahren zur Ermittlung der Kundenzufriedenheit an: die 'ex ante/ex post-Messung' und die 'ex-post-Messung'.
Bei der ex ante/ex post-Messung werden die Erwartungen vor dem Kauf erhoben, die Erfahrungen nach der Nutzung (siehe Beispiel 3 in Abbildung 5). Bei der Auswertung der Befragung werden die Erwartungen und Erfahrungen gegenübergestellt. Es werden also die Soll- und die Ist-Komponente saldiert. Als Ergebnis erhält man den Erfüllungsgrad von Erwartungen. Bei der ex-post-Messung wird der Erfüllungsgrad von Erwartungen nach dem Kauf direkt erhoben.

[20] vgl. Schütze (1992), S. 177; Trommsdorf (1975), S. 129

Abb. 5 : Beispiele zur expliziten Messung der Kundenzufriedenheit[21]

Beispiel 1:

Bitte bewerten Sie Ihre Zufriedenheit (absolut unzufrieden bis absolut zufrieden) mit den erbrachten Leistungen.

	absolut unzufrieden				absolut zufrieden
- Dauer der Instandsetzungsarbeiten	☐	☐	☐	☐	☐
- Verständlichkeit der Aussagen der Kundendienstingenieure über Art und Stand der Arbeiten	☐	☐	☐	☐	☐

Beispiel 2:

Bitte bewerten Sie die Wichtigkeit (absolut unwichtig bis absolut wichtig), die die folgenden Kriterien für Sie haben. Anschließend bewerten Sie bitte Ihre Zufriedenheit (absolut unzufrieden bis absolut zufrieden) mit den erbrachten Leistungen.

	absolut unwichtig – absolut wichtig	absolut unzufrieden – absolut zufrieden
- Dauer der Instandsetzungsarbeiten	☐ ☐ ☐ ☐ ☐	☐ ☐ ☐ ☐ ☐
- Verständlichkeit der Aussagen der Kundendienstingenieure über Art und Stand der Arbeiten	☐ ☐ ☐ ☐ ☐	☐ ☐ ☐ ☐ ☐

Beispiel 3:

A-Priori-Befragung: Bitte markieren Sie im folgenden das Kästchen, das ihre Urlaubserwartungen am besten trifft.

	sehr wahrscheinlich				sehr unwahrscheinlich
- Der Flug wird pünktlich sein.	☐	☐	☐	☐	☐
- Das Hotelpersonal wird freundlich sein.	☐	☐	☐	☐	☐

A-Posteriori-Befragung: Wir hatten Sie vor ihrem Urlaub nach Ihren Erwartungen gefragt. Bitte sagen Sie uns jetzt, inwieweit sich Ihre Erwartungen erfüllt haben.

	stimmt genau				stimmt überhaupt nicht
- Der Flug war pünktlich.	☐	☐	☐	☐	☐
- Das Hotelpersonal war freundlich.	☐	☐	☐	☐	☐

[21] vgl. Hentschel (1992), S. 118

Von dem Erfüllungsgrad von Erwartungen kann auf den Grad der Zufriedenheit geschlossen werden. Diese Vorgehensweise hat jedoch einen bedeutenden Nachteil. In den Ausführungen zum Begriff der Kundenzufriedenheit wurde festgehalten, daß erst im Anschluß an die Bestätigung bzw. Nicht-Bestätigung von Erwartungen (kognitiver Vergleich) eine Bewertung (affektive Reaktion) stattfindet. Desweiteren wurde darauf hingewiesen, daß erstens, kleine Abweichungen zwischen dem Soll und Ist als Bestätigung aufgefaßt werden müssen, zweitens, daß eine Bestätigung bzw. Nicht-Bestätigung von Erwartungen nicht automatisch zu Zufriedenheit bzw. Unzufriedenheit führt. Dies hat zur Folge, daß eine indirekte Messung der Kundenzufriedenheit über den Erfüllungsgrad von Erwartungen eher den Grad der Bestätigung oder Nicht-Bestätigung ermittelt, als den Grad der Kundenzufriedenheit.

6.2.2.2 Direkte Messung der Kundenzufriedenheit

Bei der direkten Messung der Zufriedenheit werden sog. Zufriedenheitsskalen eingesetzt. Die befragten Personen werden aufgefordert, einzelne Merkmale hinsichtlich ihrer Zufriedenheit direkt zu bewerten (siehe Beispiel 1 in Abbildung 5).

Die Gesamtzufriedenheit ergibt sich aus der Addition der Einzelzufriedenheiten. Hierbei haben jedoch alle abgefragten Merkmale die gleiche Bedeutung. In diesem Zusammenhang ist hier nun die Annahme berechtigt, daß nicht alle Merkmale einer unternehmerischen Leistung von gleicher Wichtigkeit für einen Kunden sind. Daher empfiehlt es sich, neben der Frage zum Ausmaß der Zufriedenheit mit jedem Merkmal, die Wichtigkeit der einzelnen Merkmale abzufragen.

Der Kunde wird also aufgefordert, erstens, anzugeben, wie wichtig die einzelnen Merkmale für ihn sind bzw. welche Bedeutung die einzelnen Merkmale für ihn haben, zweitens ist der Kunde gefordert, für jedes Merkmal anzugeben, in welchem Ausmaß er mit diesem Merkmal zufrieden ist (siehe Beispiel 2 in Abbildung 5).

In Anlehnung an das sog. Fishbein-Modell wird die Wichtigkeit eines Merkmals mit der Zufriedenheit mit diesem Merkmal multiplikativ verknüpft[22]:

$$GZ_{ij} = \Sigma \, (w_{ijk} * EZ_{ijk}) \quad \text{mit } k = 1, \ldots, n$$

wobei GZ_{ij}	:	Gesamtzufriedenheit des Kunden i mit der Leistung j
EZ_{ijk}	:	Einzelzufriedenheit mit Merkmal k (k = 1, ..., n) der Leistung j des Kunden i
w_{ijk}	:	Wichtigkeit des Merkmals k für den Kunden i

[22] vgl. Kroeber-Riel (1990), S. 314f.

Durch diese Vorgehensweise wird gesichert, daß nicht alle Einzelzufriedenheiten mit der gleichen Gewichtung in die Gesamtzufriedenheit eingehen.

Ein Nachteil dieses Verfahrens besteht darin, daß die befragten Personen i.d.R. dazu tendieren, alle Attribute als 'wichtig' einzustufen. Zur Abhilfe kann eine relative Gewichtung von Attributen mittels einer Konstantsummenskala vorgenommen werden. Hierbei werden die befragten Personen aufgefordert, eine bestimmte Anzahl von Punkten auf die verschiedenen Merkmale zu verteilen. Die Knappheit der zu verteilenden Punkte zwingt die Befragten dazu, sich mit der Wichtigkeit von Attributen auseinanderzusetzen und Präferenzen zu setzen.

Der wichtigste Vorteil dieses Verfahrens zur direkten Messung der Kundenzufriedenheit ist darin zu sehen, daß direkt die Zufriedenheit und nicht das Ausmaß der Bestätigung von Erwartungen ermittelt wird.

C Qualität und die Bedeutung der Kundenzufriedenheit in Qualitätsmanagementsystemen

In dem vorherigen Teil der Arbeit wurde bereits festgestellt, daß Kundenzufriedenheit sehr eng mit Qualität in Verbindung steht. Aus diesem Grund soll in den folgenden Ausführungen auf die Qualität und das Qualitätsmanagement eingegangen werden. Zielsetzung hierbei ist es, zu untersuchen, welche Bedeutung die Kundenzufriedenheit in den heute diskutierten Qualitätsmanagementsystemen besitzt.

1. Der Qualitätsbegriff

1.1 Festlegung des Qualitätsbegriffs

In der betriebswirtschaftlichen Literatur gibt es eine Vielzahl von Ansätzen zur Beschreibung des Begriffs der Qualität. Trotz dieser verschiedenen Ansatzpunkte erscheint es weitgehend als unumstritten, **unter Qualität die bewertete Beschaffenheit einer Leistung zu verstehen**. Überwiegend Konsens herrscht auch in bezug auf einige weitere Vorstellungen, die mit dieser Definition verbunden sind. Hierzu gehört erstens, daß der Qualitätsbegriff an sich neutral ist, d.h., daß er sowohl positiv als auch negativ belegt ist, wenngleich Qualität häufig mit 'guter Qualität' gleichgesetzt wird. Zweitens ist Qualität als kontinuierliche Größe zu verstehen. Sie ist also nicht entweder vorhanden oder nicht vorhanden. Drittens kann Qualität nicht als etwas 'Absolutes' diskutiert werden. Vielmehr gewinnt der Qualitätsbegriff erst seinen Sinn, wenn die Beschaffenheit einer Leistung auf einen außerhalb des Betrachtungsobjektes liegenden Maßstab bezogen wird. Viertens knüpft Qualität an einzelne Leistungsattribute an (z.B. Zuverlässigkeit, Schnelligkeit, Fehlerfreiheit etc.), denn die Beschaffenheit einer Leistung wird in der Regel als Gesamtheit ihrer Merkmale interpretiert. Und fünftens wird der Qualitätsbegriff sowohl auf Sach- als auch auf Dienstleistungen bezogen.

1.2 Differenzierung des Qualitätsbegriffs

In der Literatur und in der Praxis haben sich verschiedene Ansätze zur Interpretation des Qualitätsbegriffs gebildet. Hierzu gehört der herstellerorientierte, der kundenorientierte und der konkurrenzorientierte Qualitätsbegriff.[23]

❐ *Der herstellerorientierte Qualitätsbegriff*

Der herstellerorientierte oder interne Qualitätsbegriff bezieht sich auf die Aktivitäten innerhalb eines Unternehmen und integriert sowohl ein produktbezogenes als auch ein prozeßbezogenes Qualitätsverständnis.
Beim produktbezogenen Qualitätsverständnis stellt Qualität eine präzise und meßbare Größe dar. Qualitätsunterschiede spiegeln sich in Differenzen von Eigenschaften wider, die für ein Produkt charakteristisch sind. Qualität wird hier zu einem objektiven Merkmal, subjektive Kriterien werden ausgeschaltet.
Der prozeßbezogene oder fertigungsbezogene Ansatz geht von der Einhaltung von Spezifikationen aus und der Forderung, die Arbeit 'gleich beim ersten Mal richtig zu machen'. Qualität nimmt hier die Bedeutung von 'conformance to requirements' (Erfüllung von Anforderungen) an. Jede Abweichung von der Spezifikation bedeutet demnach eine Verminderung der Qualität.

❐ *Der kundenorientierte Qualitätsbegriff*

Beim kundenorientierten oder externen Qualitätsbegriff werden sowohl anwenderorientierte als auch wertorientierte Verständnisse von Qualität integriert.
Beim anwenderbezogenen Qualitätsansatz ergibt sich Qualität ausschließlich aus der Sicht des Anwenders bzw. Kunden. Dies begründet sich darin, daß letztlich die Nachfrager als Empfänger der Leistung darüber entscheiden, ob die Qualität dieser Leistung als gut oder schlecht zu beurteilen ist. Der Gebrauchsnutzen unterliegt damit einer subjektiven Wertung. Dieses Qualitätsverständnis wird auch als zweckorientiertes oder teleologisches Qualitätsverständnis bezeichnet.

[23] vgl. zu den verschiedenen Ansätzen zur Definition von Qualität insb. Garvin (1984a), S. 25-43; Garvin (1984b), S. 40-43

Die Verbindung zum Preis wird im Rahmen der wertorientierten Qualitätsauffassung betont. Von Qualität wird dann im Sinne eines günstig beurteilten Preis-Leistungs-Verhältnis gesprochen. Diese Denkweise erscheint deshalb relevant, weil einiges für die Annahme spricht, daß Kunden häufig die Güte oder die Zweckeignung eines Angebots in Abwägung der aufzubringenden monetären und nicht-monetären Opfer (Zeit, Anstrengung, psychische und soziale Kosten) einschätzen.

❒ *Der konkurrenzorientierte Qualitätsbegriff*

Für die Konkurrenz als Ankerpunkt spricht, daß vernünftigerweise nur die Qualität solcher Leistungen in Beziehung gesetzt werden kann, die ein sachliche Verwandtschaft aufweisen. Angebotsseitig spielt der Konkurrenzbezug immer dann eine Rolle, wenn Unternehmen eine Strategie der 'Qualitätsführerschaft' anstreben bzw. ihre Leistungen als 'qualitativ überlegen' positionieren wollen. Nachfrageseitig läßt sich seine Relevanz aus Kundenbefragungen ableiten, bei denen gewöhnlich die Mehrheit der Probanden Qualität in Kategorien wie 'hervorragend', 'einzigartig', 'ausgezeichnet', 'überlegen' usw. definiert. Diese Umschreibung der Qualität mit Superlativen oder Spitzenleistungen macht nur im Kontext von Alternativen Sinn, was implizit den Konkurrenzbezug herstellt.

Grundsätzlich ist festzuhalten, daß jeder der vorgestellten Qualitätsbegriffe seine Existenzberechtigung hat und auch in unterschiedlicher Ausprägung in Unternehmen angewendet werden.
Es bedarf keiner näheren Begründung, daß u.a. in den Bereichen Konstruktion, Arbeitsvorbereitung und Fertigung ein herstellerorientiertes Qualitätsverständnis verbreitet ist. Hier ist es unabdingbar, klare und genaue Vorgaben zu formulieren, um hierdurch Produkte zu konstruieren und zu fertigen, die eine hohe gleichbleibende technische Qualität aufweisen. Im Bereich des Marketings und des Verkaufs herrscht eher ein kundenorientiertes Qualitätsverständnis. Hier möchte man die Qualität liefern, die den Vorstellungen der Kunden entsprechen. Ein konkurrenzorientiertes Qualitätsverständnis spielt u.a. ein Rolle bei der Formulierung grundsätzlicher Unternehmensstrategien.

Doch welcher Qualitätsbegriff bzw. Qualitätsverständnis sollte im Vordergrund bei der Formulierung der Qualitätspolitik eines Unternehmens stehen?
Engpaßorientiert betrachtet, kann nur das kundenorientierte Qualitätsverständnis im Vordergrund stehen. Dies begründet sich u.a. darin, daß in den heute vorherrschenden Käufermärkten der Kunde sich von einem Unternehmen abwendet, wenn dieses Unternehmen nicht die Qualität liefert, die der Kunde wünscht. Dies setzt natürlich voraus, daß sich die vom Unternehmen gelieferte Qualität von der Konkurrenz absetzt, wobei der so geschaffene Leistungsvorteil aus der Sicht der Kunden auch beurteilungs- und damit entscheidungsrelevant sein muß. Es ist für ein Unternehmen unwirtschaftlich, die Qualität

einzelner Merkmale eines Produktes gegenüber der Konkurrenz zu verbessern, wenn die Qualität dieser Merkmale für den Kunden im Vergleich zu anderen Merkmalen eher eine untergeordnete Rolle spielen.

Ein kundenorientiertes Qualitätsverständnis als Grundlage einer Qualitätspolitik eines Unternehmens impliziert automatisch eine unternehmerische Denkhaltung, die konsequent auf zufriedene Kunden ausgerichtet ist. Werden die Qualitätsanforderungen bzw. Qualitätserwartungen von Kunden konsequent in Produkte umgesetzt (Kundenorientierung), so erzielt man ein Höchstmaß an Zufriedenheit.
Wichtig hierbei ist jedoch zu verstehen, daß sich die Qualitätsvorstellungen eines Kunden nicht nur auf technische Merkmale beschränken, sondern - wie auch bei der Beschreibung der Ursachen der Kundenzufriedenheit (vgl. Teil B, Kapitel 3) - auch auf weitergehende Merkmale bezieht. Erst wenn alle Qualitätsvorstellungen eines Kunden, sowohl die unmittelbar mit einem Produkt verbundenen Vorstellungen als auch die mittelbaren Qualitätsvorstellungen erfüllt werden, kann Kundenzufriedenheit erreicht werden.

1.3 Die Dimensionen der Qualität

Daß sich die Qualität eines Produkts nicht nur in technischen Qualitäten widerspiegelt, wurde bereits mehrfach hier erwähnt. Um Kunden zufriedenzustellen sind also sämtliche Qualitätserwartungen eines Kunden zu erfüllen.
Die Qualität eines Produkts knüpft an eine Vielzahl von Leistungsattributen an. Die Beschaffenheit einer Leistung wird somit als Gesamtheit ihrer Merkmale interpretiert. Die Gesamtqualität eines Produkts setzt sich somit aus einer Fülle von 'Teilqualitäten' zusammen.

Zur Produktqualität i.e.S. auf Basis eines formalen Produktbegriffes (Kernleistung) lassen sich zählen:

- ❒ *technisch-funktionale Qualität (z.B. Güte, Sicherheit),*
- ❒ *Dauerqualität (z.B. Zuverlässigkeit, Haltbarkeit),*
- ❒ *Ausstattungsqualität (z.B. Qualität des Funktionsumfanges).*

Elemente der Produktqualität i.w.S. auf Grundlage eines erweiterten Produktbegriffes (Zusatzleistung) können sein:

- ❒ *Servicequalität (z.B. Beratungsangebot, After-Sales-Service),*
- ❒ *Umweltqualität,*
- ❒ *Integrationsqualität (z.B. Systemfähigkeit),*
- ❒ *Innovationsfähigkeit (z.B. Zukunftsoffenheit),*

- *Preisqualität,*
- *Designqualität (z.B. ästhetische Qualität),*
- *sonstige, z.B. Transportqualität, Verpackungsqualität, etc.*

Diese Merkmale können allerdings nur eine Auswahl der in der Praxis relevanten Aspekte darstellen. Sie unterscheiden sich in Abhängigkeit des Bezugsobjekts und den subjektiven Anforderungen.
Dennoch kann hier festhalten werden, daß die Elemente der Produktqualität i.w.S. und hier insbesondere die Servicequalität zunehmend an Bedeutung gewinnen und maßgeblich die Qualitätswahrnehmung der Kunden beeinflussen.

2. Empirische Befunde zum Zusammenhang Qualität und Unternehmenserfolg

Die empirische Erfolgsfaktorenforschung geht über die Auflistung von Fallbeispielen hinaus und versucht, auf quantitativem Wege Einflußgrößen des Unternehmenserfolgs zu ermitteln. "Unter (strategischen) Erfolgsfaktoren werden üblicherweise unternehmensinterne Fähigkeiten oder unternehmensexterne Bedingungen verstanden, die über einen längeren Zeitraum hinweg dafür verantwortlich sind, daß ein Unternehmen oder eine Unternehmenseinheit im Vergleich zur Konkurrenz besonders erfolgreich ist."[24]

Wesentliche Impulse hat die Erfolgsfaktorenforschung von Untersuchungen im Rahmen des PIMS-Projekts erhalten (PIMS = "Profit Impact of Market Strategy").
Das PIMS-Projekt wurde 1972 durch das Strategic Planning Institute initiiert und verfolgt seither das Untersuchungsziel, Beziehungen zwischen Unternehmensstrategie und Unternehmenserfolg zu identifizieren. Auf Grundlage einer umfangreichen Datenbank, die Strategien und finanzielle Ergebnisse von nahezu 3000 strategischen Geschäftseinheiten (insgesamt mehr als 450 Unternehmen) enthält, versucht man zu analysieren, welche Faktoren den Erfolg eines Unternehmens nachhaltig beeinflussen.[25]

Einer der untersuchten Einflußfaktoren ist die Qualität des Angebots, die im Rahmen des PIMS-Projekts im Vergleich zu Konkurrenz bestimmt wird. Auf Grundlage dieses konkurrenzorientierten Qualitätsverständnisses wird also die Qualität der Leistungen des Unternehmens durch das Unternehmen selbst im Vergleich zu der Qualität der Leistungen der Konkurrenz bewertet, wobei versucht wird, die Qualität der eigenen Leistungen vom Standpunkt des Kunden aus zu begutachten. Es wird also eine relative Qualität ermittelt.
Aufgrund der PIMS-Daten wurde festgestellt, daß positive statistische Beziehungen zwischen einem Qualitätsvorsprung gegenüber den Wettbewerbern und zentralen Kenngrößen

---

[24] vgl. Hentschel (1992), S. 42f.
[25] vgl. Buzzell, Bradley (1989), S. 3

des Unternehmenserfolgs wie Return on Investment (ROI) oder der Umsatzrendite bestehen.

Es wurde festgestellt, daß eine überlegene Qualität den Unternehmenserfolg in zweierlei Hinsicht beeinflußt:

- *Kurzfristig* führt überlegene Qualität zu Gewinnsteigerung über Premiumpreise.
- *Längerfristig* ist überlegene und/oder steigende Qualität der wirksamste Weg für ein Unternehmen zu wachsen. Hohe Qualität führt sowohl zur Marktausdehnung als auch zum Gewinn von Marktanteilen. Das daraus resultierende Mengenwachstum bedeutet, daß ein Wettbewerber, der höhere Qualität bietet, gegenüber der Konkurrenz Größenvorteile erzielt. Somit werden in der Regel die erhöhten Kosten, die kurzfristig mit Qualitätsverbesserungen verbunden sind, nach einer Weile durch steigende Degressions- und Lerneffekte ausgeglichen.

Abb. 6 : Wirkungsmechanismen einer Qualitätsstrategie[26]

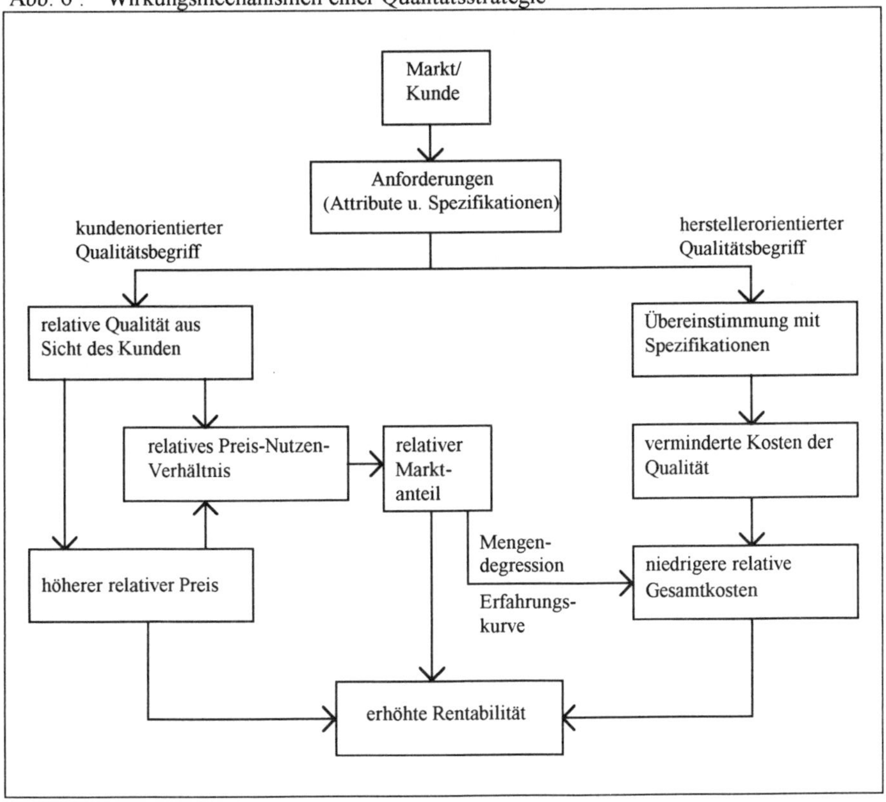

[26] vgl. Luchs, Neubauer (1986), S. 22

Trotz einiger Kritik an der Methodik der PIMS-Untersuchungen, liefert das PIMS-Programm ein Indiz für die strategische Bedeutung einer konsequenten Qualitätsstrategie als wesentlicher Wettbewerbsfaktor. Die Wirkungsmechanismen einer Qualitätsstrategie sind in Abbildung 6 nochmals grafisch dargestellt.

3. Zur Entwicklung von Qualitätssicherungsmaßnahmen

Die vorher beschriebene besondere Bedeutung der Qualität war nicht immer gegeben bzw. stand nicht immer im zentralen Blickpunkt unternehmerischer Aktivitäten.
Betrachtet man die historische Entwicklung des Qualitätswesens, lassen sich verschiedene Entwicklungsstufen mit unterschiedlichen Schwerpunktsetzungen erkennen (siehe Abbildung 7). Man erkennt, daß sich die Auffassung von Qualität ständig geändert und an die wechselnden Rahmenbedingungen angepaßt hat.

Abb. 7 : Entwicklungsstufen der betrieblichen Qualitätspolitik[27]

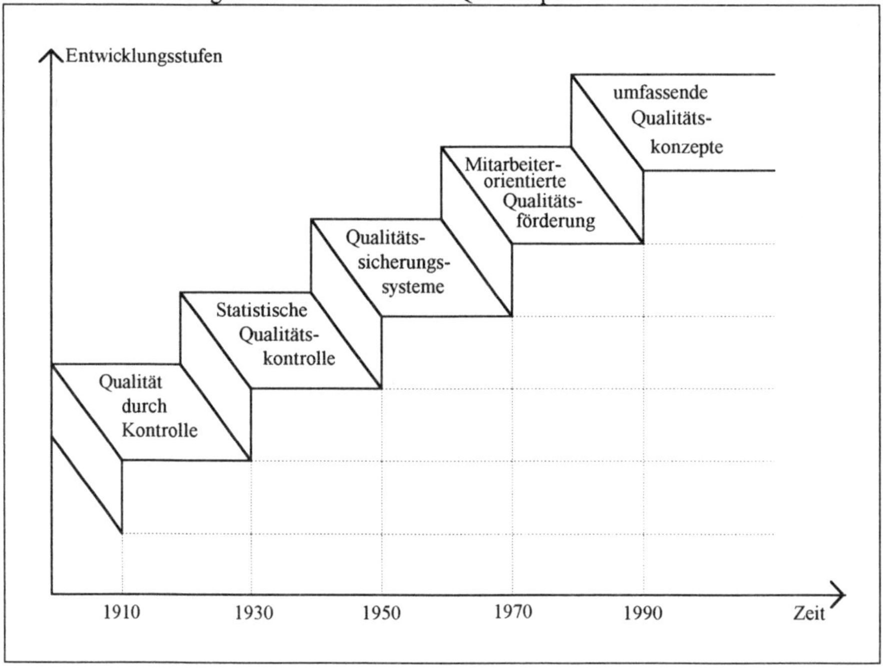

[27] vgl. Schildknecht (1992), S. 44

❒ *Qualität durch Kontrolle*

Bedingt durch den technologischen und gesellschaftlichen Umbruch zu Beginn der Industrialisierung und die damit verbundene Markterweiterung wurden die bis dahin weitgehend handwerklich organisierten Arbeitsabläufe in der Produktion abgelöst. Das tayloristische Konzept der Arbeitsorganisation bewirkte, daß komplexe Produktionsabläufe in viele Teilschritte zerlegt wurden. Die Konsequenz dieser Arbeitsteilung war eine systematische Trennung zwischen ausführenden und kontrollierenden Tätigkeiten. In diesem Zusammenhang wurde auch die Qualitätskontrolle und damit die Qualitätsverantwortung verstärkt auf Vorgesetzte und später vermehrt auf Fachabteilungen übertragen. Die Aufgabe der Qualitätsspezialisten beschränkte sich auf die Qualitätskontrolle von Produkten im Sinne einer Ergebnisprüfung. Sie waren Inspektoren, die die Aufgabe hatten, die Produktqualität während der Entstehung des Produkts zu beobachten und bei Abweichungen einzuschreiten. Die Qualität eines Produkts wurde aufgrund bestimmter Merkmale definiert. Dadurch wurde Qualität zu einer präzisen und meßbaren Größe und konnte somit durch die Inspektoren objektiv ermittelt werden. Die Qualitätssicherung wurde also als rein technische Funktion verstanden.

Diese Form der Qualitätssicherung hatte zur Folge, daß Qualitätsmängel erst relativ spät entdeckt worden sind, nämlich erst am Ende eines Produktionsabschnitts bzw. erst am Ende des gesamten Herstellungsprozesses. Durch diese späte Aufdeckung von Fehlern entstanden den Unternehmen erhebliche Kosten für die Reparatur, die Nachbearbeitung und für die Vernichtung mangelhafter Produkte.

❒ *Statistische Qualitätskontrolle*

Aufgrund der Erkenntnis, daß es erheblich billiger sei, Qualität und Zuverlässigkeit von vornherein in ein Produkt einzubauen, als sich später mühsam mit Defekten und Reparaturen auseinanderzusetzen, begann man bereits in den 20er und 30er Jahren in den USA mit den Hilfsmitteln der Statistik, Fehler im Produktionsprozeß sofort an ihrem Entstehungsort zu beseitigen bzw. Fehler erst gar nicht entstehen zu lassen. Intensiviert wurden diese Anstrengungen während des 2. Weltkrieges, in dem die amerikanische Regierung auf strikte Qualitätssicherung von Kriegsmaterial bestand.
Diese Entwicklung nahm jedoch nach dem Krieg in den USA ein Ende. Die amerikanische Industrie machte die verlockende Erfahrung, daß eine absolut führende Stellung in der Weltwirtschaft und -industrie auch ohne die mühsame Anwendung von statistischen Qualitätssicherungsmaßnahmen erreichbar war. Im Gegensatz zur amerikanischen Industrie erkannte die japanische Industrie sehr schnell die gar nicht hoch genug zu wertenden Vor-

teile einer nahezu fehlerfreien Produktion. Zentrale Inhalte ihrer Überlegungen waren neben der statistischen Qualitätssicherung[28] auch die kontinuierliche Verbesserung.

❐ *Qualitätssicherungssysteme*

Besonders in der Wehrtechnik, Luft- und Raumfahrttechnik und Energietechnik wurden Ende der sechziger und in den siebziger Jahren diverse Normen zur Beurteilung der Qualitätsfähigkeit von Unternehmen entwickelt. Die außerordentlich hohe Bedeutung einer gleichbleibenden Qualität und Zuverlässigkeit für die sichere Funktionsweise der Produkte aus diesen technischen Bereichen war ausschlaggebend dafür, daß zunächst gerade dort die Qualitätssicherungsmaßnahmen normiert wurden.
Aufgrund einer zunehmenden Globalisierung des Welthandels wurde die bis dahin vorhandene Mannigfaltigkeit von nationalen und branchenspezifischen Normen für viele Unternehmen zur Belastung, da in einem begrenzten geographischen Raum eingeführte Normen potentielle Handelshemmnisse darstellten. Als Konsequenz daraus setzten Anfang der achtziger Jahre erste Bestrebungen ein, die nationalen Normen zur Qualitätssicherung zu harmonisieren. In besonderem Maße hatten stark außenhandelsorientierte Länder wie die Bundesrepublik Deutschland ein elementares Interesse an einer einheitlichen Beurteilung von Qualitätssicherungssystemen. Durch internationale Normen sollten Handelshemmnisse in Form von nationalen Vorschriften beseitigt und neue Exportchancen sowie ein freier Welthandel ermöglicht werden.
Initiiert wurde die internationale Harmonisierung der Normung für Qualitätssicherungssysteme im Jahr 1985 durch die International Organization for Standardization (ISO). Die ISO stellt die weltweite Dachorganisation nationaler Normungsinstitute dar. Im März 1987 wurde die Normenreihe ISO 9000 - 9004 herausgegeben. Damit waren die Vorgaben für einen internationalen Standard von Qualitätssicherungssystemen geschaffen worden. Im Mai 1987 wurden in der Bundesrepublik Deutschland die internationalen Normen ISO 9000ff. als nationale Normen mit der Bezeichnung DIN ISO 9000ff. anerkannt. Innerhalb der EU sind die ISO-9000ff.-Normen als europäische Normen mit der Bezeichnung EN 29000-29004 zu Beginn des Jahres 1993 übernommen worden.[29]

❐ *Mitarbeiterorientierte Maßnahmen der Qualitätsförderung*

In den bisherigen Konzepten zur Qualitätssicherung wurden die Mitarbeiter von Unternehmen kaum oder nur Rande berücksichtigt. Zu Beginn der sechziger Jahre hat man jedoch im Qualitätswesen den Menschen als "relevante Größe" wiederentdeckt.
Ausschlaggebend waren die Überlegungen, daß erweiterte Handlungsspielräume und veränderte situative Rahmenbedingungen für die Mitarbeiter, ein fehlerfreies Arbeiten ermögli-

---

[28] vgl. zur Anwendung der Statistik in der Qualitätskontrolle u.a. Scharnbacher (1992), S. 226-234
[29] vgl. Schwickert, Beemelmann, Kargl (1995a), S. 130ff.

chen bzw. gewährleisten. Kernpunkt dieser Maßnahmen war also die Einbeziehung der Mitarbeiter einer Unternehmung in den Arbeitsablauf. Mitarbeiter sollten ihr Wissen und ihre Erfahrungen einbringen, um durch selbstentwickelte Lösungen Produkt- und Arbeitsqualität zu bessern und zu ihrer Selbstverwirklichung und Arbeitszufriedenheit beizutragen.

Auf internationaler Ebene zeichneten sich dabei - weitgehend unabhängig - unterschiedliche Entwicklungslinien ab. Mit dem Ziel, durch eine direkte Verhaltensbeeinflussung eine Korrektur der Einstellung bzw. der Geisteshaltung einzelner Mitarbeiter zu erreichen, wurden in den 60er Jahren in den USA sogenannte 'Zero-Defect-Programs' oder 'Null-Fehler-Konzepte' propagiert. Ihre Wirkung blieb allerdings begrenzt. Einer der späteren Kritikpunkte war die Erkenntnis, daß Mitarbeiter der ausführenden Ebene - an die sich dieses Programm primär richtete - nur in begrenztem Umfang für die reklamierten Qualitätsmängel verantwortlich waren. Ein Appell zu einem qualitätsbewußteren Verhalten konnte dementsprechend nur wenig bewirken.

Im Gegensatz zu dieser Null-Fehler-Philosophie standen Ansätze, welche die Mitarbeiter der ausführenden Ebene sehr wohl als geeignet und fähig ansahen, auch situations- und sachbezogene Fehler zu identifizieren und darüber hinaus einer Lösung zuzuführen. Hierbei handelt es sich im wesentlichen um die japanischen Ansätze der Quality Control Circles oder kurz Quality Circles, die in Japan von Beginn an Bausteine umfassender Qualitätsförderungskonzepte waren und die im Westen - wenngleich auch mit anderen Zielsetzungen - entwickelt wurden. Dazu zählen beispielsweise die in Skandinavien entstandenen 'Problemlösungsgruppen', die in der Bundesrepublik Deutschland eingeführten 'Lernstattkonzepte' und die amerikanischen Konzepte des 'Particpative Quality Control'.[30] In der Bundesrepublik Deutschland gewannen solche Konzepte allerdings erst Mitte der siebziger Jahre im Rahmen der Diskussion um die Übertragbarkeit japanischer Erfolgsrezepte wieder an Bedeutung.

❐ *Umfassende Qualitätsstrategien - Total Quality Konzepte*

Mit Beginn der Globalisierung des Warenverkehrs in den siebziger Jahren sowie industriellen Veränderungen und zunehmender Konkurrenz aus den fernöstlichen Ländern in den achtziger Jahren vollzog sich eine grundlegende Erweiterung im Verständnis von Qualität. Der Qualitätsbegriff wandelte sich stetig von einer reinen Produktqualität zu einer Unternehmensphilosophie, die zufriedene Kunden als oberstes Ziel sieht und dabei alle Bereiche und Tätigkeiten des Unternehmens in einen Prozeß kontinuierlicher Verbesserung einbezieht. Die Qualitätssicherung beschränkt sich demnach nicht mehr allein auf den Entwicklungs- und Herstellungsprozeß eines Produktes, sondern umfaßt sämtliche Tätigkeiten eines

[30] vgl. Zink, Schildknecht (1992), S. 77

Unternehmens. Vor diesem Hintergrund muß ein Unternehmen die Sicherung der Qualität als strategisches Ziel betrachten, dessen Realisierung der obersten Leistung eines Unternehmens obliegt.
Charakteristisch für diese Entwicklung waren folgende Punkte:

- die konsequente Anwendung statistischer Methoden,
- Übergang von ergebnis- zu verstärkt präventivorientierten Maßnahmen,
- Qualität als unternehmensweite Aufgabe,
- Reintegration der Qualitätsverantwortung in die Linie,
- Schaffung der personellen, technischen und organisatorischen Voraussetzungen, die jedem Mitarbeiter die Mitwirkung an der gemeinsamen Aufgabe 'Qualität' ermöglichen,
- Durchführung umfassender Schulungsprogramme,
- Top-to-Down-Ansatz,
- verstärkte Kundenorientierung.

Wesentliche Kernpunkte dieser Philosophie legte A.V. Feigenbaum schon 1961 vor. Er verwendete in diesem Zusammenhang die Bezeichnung Total Quality Control (TQC).[31]
Verfeinert wurde dieses Konzept von dem Japaner K. Ishikawa. Er forderte nicht nur die Einbeziehung aller Abteilungen, sondern aller Mitarbeiter und betonte partizipative Konzepte. Er nannte sein Konzept Company Wide Quality Control (CWQC).[32]
Die weitere Entwicklung war geprägt durch die Entwicklung zusätzlicher Methoden und Techniken (eine verstärkte Einbeziehung der Unternehmensumwelt, z.B. Ausdehnung der Aktivitäten auf Kunden und Lieferanten, Einbeziehung der ökologischen Umwelt etc.) und eine stärkere Betonung der Integration von Einzelmaßnahmen zu einem Gesamtkonzept. Dabei gewann vor allem eine konsequente Prozeßorientierung zunehmend an Bedeutung. Ihren Niederschlag fanden diese Überlegungen im Total Quality Management (TQM).

4. Qualitätsmanagementsysteme

Zur Sicherstellung der von den Kunden geforderten Qualität investieren heute immer mehr Unternehmen in Qualitätsmanagementsysteme. In der Wissenschaft und Praxis werden vornehmlich zwei Systeme diskutiert: Qualitätsmanagementsysteme nach den DIN ISO 9000ff. und das Total Quality Management.

[31] vgl. Feigenbaum (1961)
[32] vgl. Ishikawa (1985)

4.1 Qualitätsmanagementsysteme gemäß den Normen DIN ISO 9000ff.

Seit 1987 gibt es international verbindliche Normen zur Qualitätssicherung und zum Qualitätsmanagement.

4.1.1 Ziele und Begriffe der DIN ISO 9000ff.

Die Forderung der DIN ISO 9000ff. ist der Nachweis eines Qualitätssicherungssystems zur Darstellung der Fähigkeit, ein Produkt oder eine Dienstleistung fehlerfrei zu entwickeln, fertigen und liefern zu können.

Abb. 8 : Begriffe aus der Normen-Welt DIN ISO 9000ff.[33]

Begriff	**Definition**
Qualität	Gesamtheit von Eigenschaften und Merkmalen eines Produktes oder einer Dienstleistung bezüglich ihrer Eignung, festgelegte oder vorausgesetzte Erfordernisse zu erfüllen
Qualitätsmanagement	Alle Tätigkeiten der Gesamtführungsaufgabe, welche Qualitätspolitik, Ziele und Verantwortungen festlegen sowie diese durch Mittel wie Qualitätsplanung, -lenkung, -sicherung und Qualitätsverbesserung im Rahmen des Qualitätsmanagementsystems verwirklichen.
Qualitätsmanagementsystem	Die Organisationsstruktur, Verantwortlichkeiten, Verfahren, Prozesse und erforderlichen Mittel für die Verwirklichung des Qualitätsmanagement.
Qualitätssicherung	Alle geplanten und systematischen Tätigkeiten, die innerhalb des Qualitätsmanagementsystems verwirklicht sind, und die wie erforderlich dargestellt werden, um angemessenes Vertrauen zu schaffen.
Modell zur Qualitätssicherung	Das Modell zur Qualitätssicherung ist eine genormte oder ausgewählte Serie von Forderungen an ein Qualitätsmanagementsystem, zusammengestellt zur Erfüllung von Erfordernissen des Qualitätsmanagement in einer gegebenen Situation.

[33] vgl. Rentschler (1995), S. 38

Die Ziele der DIN ISO 9000ff. sind dabei folgendermaßen zu verstehen:

- *Schaffung/Dokumentation einer Aufbau- und Ablauforganisation,*
- *Dokumentationspflicht für Regelungen und Ergebnisse,*
- *Regelung von Zuständigkeiten, Verantwortung und Befugnissen,*
- *Berichtspflicht bis zur höchsten Leitungsebene,*
- *Beherrschung von Risiken und Wirtschaftlichkeit,*
- *Vorbeugende Maßnahmen zur Vermeidung von Qualitätsproblemen,*
- *Qualifikation von Mitarbeitern und Mitteln,*
- *Identifikation mit dem Qualitätsgedanken.*

Das Ziel für ein Unternehmen, daß ein Qualitätsmanagementsystem nach den Normen DIN ISO 9000ff. einrichtet, ist es, dieses von einer unabhängigen Stelle zu zertifizieren zu lassen, um so den Kunden nachweisen zu können, ein System zur Qualitätssicherung zu besitzen.[34]

Abb. 9 : Die Normen DIN ISO 900 bis 9004 im Überblick[35]

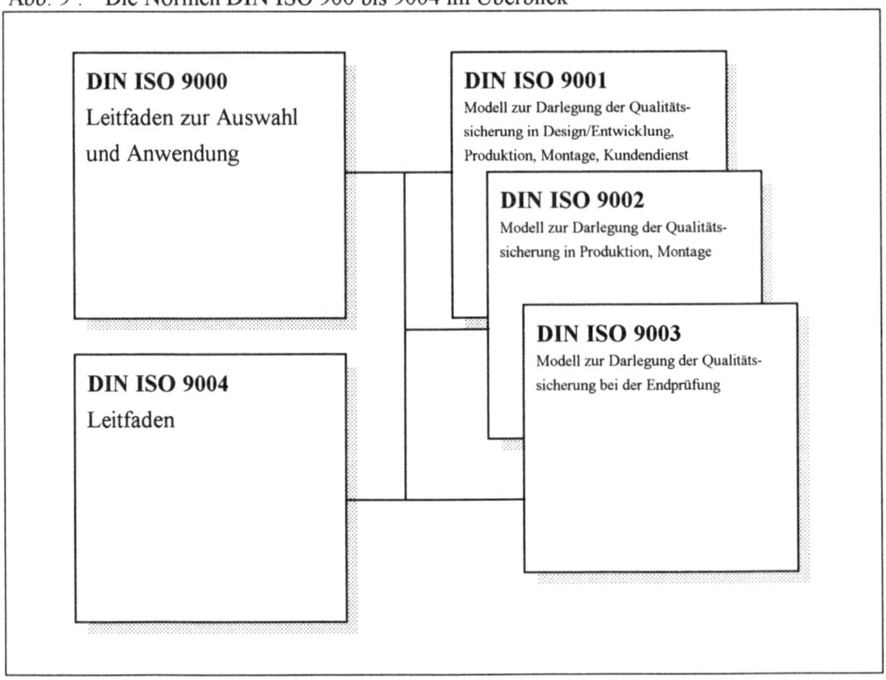

[34] vgl. zum Ablauf einer Zertifizierung nach den DIN ISO 9000ff. u.a. ebenda, S. 40; Glaap (1993), S. 142ff.

[35] in Anlehnung an Saatweber (1994), S. 75

4.1.2 Die Teilnormen von DIN ISO 9000ff. im Überblick

DIN ISO 9000 erklärt die Zusammenhänge zwischen den Grundbegriffen des Qualitätsmanagements und gibt eine Anleitung zur Auswahl.
DIN ISO 9004 stellt die Gesamtheit der Managementaufgaben und Qualitätsmanagement (QM)-Elemente dar und formuliert die Anforderungen. Sie enthält Empfehlungen zum Aufbau eines Qualitätsmanagementsystems.
DIN ISO 9001 bis 9003 sind Modelle für Qualitätsmanagementsysteme, gestaffelt nach der Fertigungstiefe eines Unternehmens. Diese Modelle sind beim Aufbau eines Qualitätsmanagementsystems anzuwenden und können auch zertifiziert werden.
Abbildung 9 zeigt die Normen DIN ISO 9000 bis 9004 und deren Inhalte im Überblick.

Die Normen DIN ISO 9002 und DIN ISO 9003 stellen ausschließlich inhaltliche Teilaspekte der Norm DIN ISO 9001 dar. Mit einer Erläuterung von DIN ISO 9001 erübrigt sich somit die weitere Beschreibung der Normen DIN ISO 9002 und DIN ISO 9003.

Für das Verständnis der Normen ist die Feststellung wesentlich, daß Qualitätssicherungssysteme von Unternehmen ausschließlich nach DIN ISO 9001, DIN ISO 9002 oder DIN ISO 9003 zertifiziert werden können. Nur diese Normen enthalten zwingende Vorschriften für die Zertifizierung von Qualitätssicherungssystemen, während DIN ISO 9000 und DIN ISO 9004 als sogenannte Leitfäden lediglich Hilfestellungen und Empfehlungen beinhalten.

Da sich die bisherigen Qualitätssicherungsempfehlungen stark an allgemeinen industriellen Produktionsprozessen ausrichten, wurden die Leitfäden seit 1987 um zusätzliche Normteile erweitert, um auch Hilfestellungen für spezielle Herstellungs- und Dienstleistungsprozesse zu geben.

4.1.3 Zur Umsetzung der DIN ISO 9000ff.

Die Umsetzung der DIN-ISO-9000ff.-Normen vollzieht sich in drei Schritten. Zuerst muß ein Problembewußtsein für Qualität und Qualitätssicherung geschaffen werden. Im Anschluß daran erfolgt der Aufbau eines internen Qualitätssicherungssystems und zum Schluß wird ein Qualitätssicherungssystem realisiert. Im folgenden sollen diese drei Phasen näher beleuchtet werden.

❒ *Schaffung eines Problembewußtseins (DIN ISO 9000, Teil 1)*
Die DIN ISO 9000, Teil 1 dient als grundsätzlicher Leitfaden für die Anwendung der Normenreihe DIN ISO 9000ff. Dieser Teil sollte daher als Grundlage einer jeden Normumsetzung zunächst umgesetzt werden.

DIN ISO 9000, **Teil 1 will in einem ersten Schritt** die Unterschiede und Wechselbeziehungen zwischen grundsätzlichen Qualitätserfordernissen erklären. Drei unterschiedliche Qualitätserfordernisse werden dargestellt:

- Die durch den Lieferanten erzeugte Qualität soll die Anforderungen des Auftraggebers stets erfüllen.
- Bei der Unternehmensleitung des Lieferanten soll für die Notwendigkeit von Qualitätssicherungsmaßnahmen Vertrauen geschaffen werden, damit Qualität im Herstellungsprozeß erreicht und aufrechterhalten wird. Dies wird mit 'interner Darlegung der Qualitätssicherung' bezeichnet.
- Der Lieferant soll gegenüber dem Kunden durch Nachweise der Wirksamkeit seines Qualitätssicherungssystems für Vertrauen sorgen, daß die geforderte Qualität erreicht ist oder erreicht wird. Dies wird mit 'externer Darlegung der Qualitätssicherung' bezeichnet.

Die Norm DIN ISO 9001 beschränkt sich auf die Darstellung der beschriebenen Qualitätserfordernisse. Die in der oben erwähnten Zielsetzung geforderte Erläuterung der Unterschiede und Wechselbeziehungen zwischen den einzelnen Qualitätserfordernissen werden nicht, beziehungsweise nur sehr oberflächlich behandelt. DIN ISO 9000, Teil 1 gibt hier einen erheblichen Interpretationsspielraum. Diese Auslegungsmöglichkeiten sind jedoch notwendig, da die Ausprägungen und Wechselbeziehungen der einzelnen Qualitätserfordernisse von Unternehmen zu Unternehmen differieren.

In einem **zweiten Schritt will DIN ISO 9000, Teil 1** eine Hilfestellung zur Auswahl einer der drei Normen DIN ISO 9001 bis 9003 geben, die als Modelle zur Darlegung der externen Qualitätssicherung bezeichnet werden. Ein Unternehmen kann nur nach einer der Normen DIN ISO 9001 bis 9003 zertifiziert werden. Mit der Hilfe funktionaler Kriterien und konkreter Auswahlfaktoren zeigt DIN ISO 9000, Teil 1, welche der Normen DIN ISO 9001 bis 9003 unternehmensspezifisch angewendet werden sollte.

Ein weiteres Ziel der Norm DIN ISO 9001, Teil 1 liegt in der Verdeutlichung der Prinzipien eines normgerechten internen Qualitätssicherungssystems nach DIN ISO 9004. Bei der Errichtung eines internen Qualitätssicherungssystems sollten nach DIN ISO 9000, Teil 1 folgende Forderungen grundsätzlich beachtet werden:

- Erfüllung der Kundenanforderungen,
- Einhaltung von funktionalen Verantwortlichkeiten,
- Abschätzung von Nutzen und Risiken für das Unternehmen.

❐ *Aufbau eines internen Qualitätssicherungssystems (DIN ISO 9004)*

Nach der Schaffung eines grundlegenden Problembewußtseins durch die DIN ISO 9000, Teil 1 erhält das Unternehmen durch den Leitfaden DIN ISO 9004 objektive Orientierungshilfen für den Aufbau eines internen Qualitätssicherungssystems. Der Leitfaden beschreibt nicht das einzig mögliche Qualitätssicherungssystem, sondern zeigt die wesentlichen Schlüsselfaktoren, die in jedem spezifischen Qualitätssicherungssystem grundsätzlich vorhanden sein müssen. Somit besitzt DIN ISO 9004 eine übergreifende Bedeutung für die Normen DIN ISO 9001 bis 9003. Dennoch kann DIN ISO 9004 nicht als starres Regelwerk für den Aufbau eines Qualitätssicherungssystems angesehen werden; die Möglichkeit der flexiblen Anpassung eines Qualitätssicherungssystems an unternehmensspezifische Situationen muß gegeben sein.

Gemäß dem Leitfaden DIN ISO 9004 wird ein Qualitätssicherungssystem von folgenden Schlüsselfaktoren beeinflußt:

- Verantwortung der obersten Leitung
  Die Leitung eines Unternehmens ist verantwortlich für die Definition und Dokumentation der Qualitätspolitik. Zur Realisierung der Qualitätspolitik sind Qualitätsziele festzulegen, deren Erreichung durch ein Qualitätssicherungssystem zu überwachen ist. Um diese Überwachungsaufgabe zu erfüllen, sollte die Unternehmensleitung regelmäßig das Qualitätssicherungssystem überprüfen und gegebenenfalls anpassen.
- Qualitätsbewußtsein der Mitarbeiter
  Wesentliches Ziel eines Qualitätssicherungssystems ist die Förderung des Qualitätsbewußtseins der Mitarbeiter. Nach DIN ISO 9004, Teil 2 kann dieses Ziel durch die Steigerung der Motivation der Mitarbeiter, deren Schulung und - insbesondere im Dienstleistungsbereich - durch die Verbesserung der Kommunikationsfähigkeit der Mitarbeiter erreicht werden.
- Anwendungsbereich eines Qualitätssicherungssystems
  Ein Qualitätssicherungssystem wird auf sämtliche qualitätsrelevante Tätigkeiten angewendet, die ein Produkt oder eine Dienstleistung betreffen. DIN ISO 9000, Teil 1 nennt hierfür im sogenannten Qualitätskreis (siehe Abbildung 10) u.a. Produktfestlegung und -entwicklung, Beschaffung, Produktion, Vertrieb und Marktforschung als Tätigkeiten, die in allen Prozeßphasen zu dokumentieren sind. Die Führung von Qualitätsaufzeichnungen wird als wesentlicher Bestandteil eines jeden Qualitätssicherungssystems angesehen. Um die Verwirklichung (und Wirksamkeit) eines Qualitätssicherungssystems zu verifizieren, sind regelmäßig Qualitätsaudits durchzuführen.

Neben diesen Schlüsselfaktoren als Grundlage einer qualitativen Systemrealisierung müssen quantitative Kosten-/Nutzenaspekte in die Überlegungen zu einem Qualitätssicherungssystem einbezogen werden.

Abb. 10 : Der Qualitätskreis nach der DIN ISO 9004[36]

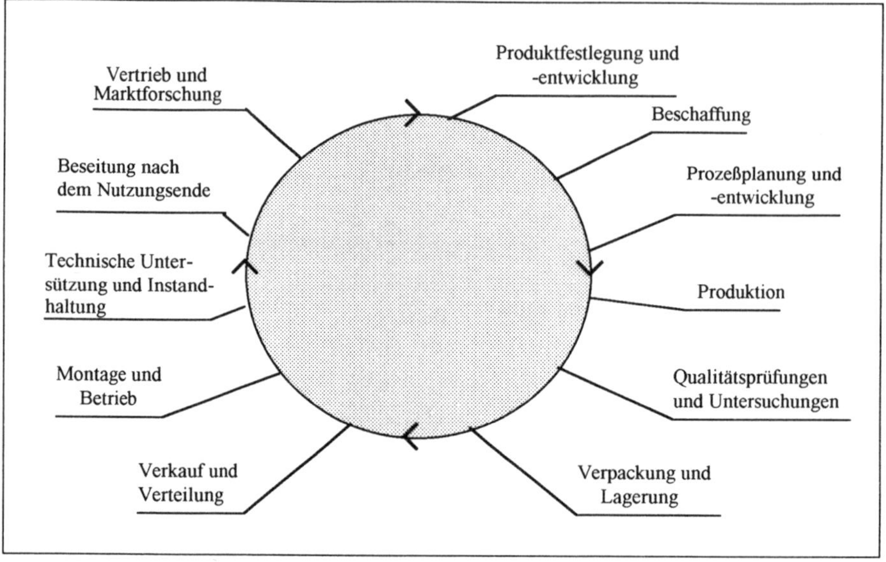

❒ *Realisierung eines Qualitätssicherungssystems (DIN ISO 9001)*

Nachdem sich ein Unternehmen durch die DIN ISO 9000, Teil 1 für ein Modell zur Darlegung der Qualitätssicherung entschieden hat und die grundsätzlichen Voraussetzungen für eine DIN ISO 9004-konforme Verwirklichung eines Qualitätssicherungssystems kennt, sollte das Unternehmen im nächsten Schritt den konkreten Handlungsbedarf zur Realisierung eines Qualitätssicherungssystems der Norm DIN ISO 9001 entnehmen. Den Hauptinhalt der Norm DIN ISO 9001 stellen 20 Qualitätssicherungselemente dar (siehe Abbildung 11), deren gemeinsames Ziel die Verhütung von Fehlern ist. Für eine erfolgreiche Realisierung der Qualitätssicherung nach DIN ISO 9001 muß ein Unternehmen diese Qualitätssicherungselemente in die Tat umsetzen. Hilfestellung leistet diesbezüglich die Norm DIN ISO 9000, Teil 2, die als allgemeiner Leitfaden für die Anwendung von DIN ISO 9001 bis 9003 die Inhalte und Erfordernisse der Qualitätssicherungselement ausführlich beschreibt. Ein Unternehmen muß jedoch nicht zwingend alle 20 Qualitätssicherungselemente erfüllen. Die Beachtung bestimmter Qualitätssicherungselemente ist nicht erforderlich, wenn die betreffenden Tätigkeiten unternehmens- oder branchenspezifisch nicht üblich sind.

[36] vgl. Glaap (1993), S. 33

Abb. 11 : Qualitätssicherungselemente[37]

❒ Verantwortung der Unternehmensleitung	❒ Prüfstatus
❒ Qualitätsmanagement-System	❒ Fehlerhafte Produkte/Dienstleistungen
❒ Vertragsüberprüfung	❒ Korrekturmaßnahmen
❒ Design/Entwicklung	❒ Handhabung, Lagerung, Verpackung, Versand
❒ Lenkung der Dokumente	❒ Qualitätsaufzeichnungen
❒ Beschaffung	❒ Interne Qualitätsaudits
❒ Beigestellte Produkte	❒ Schulung
❒ Identifikation und Rückverfolgbarkeit	❒ Kundendienst
❒ Prozeßlenkung	❒ Statistische Methoden
❒ Prüfungen	
❒ Prüfmittel	

4.2 Das Total Quality Management

Das Total Quality Management (TQM) ist das zur Zeit fortgeschrittenste Qualitätsmanagementsystem. Es ist im Vergleich zu den bisherigen Ansätzen zur Qualitätssicherung und zum Qualitätsmanagement das umfassendste System. Es bezieht sich auf das gesamte Unternehmen ('Total') und legt ein wesentliches Gewicht auf die Mitarbeiter.

4.2.1 Zum Verständnis von Total Quality Management

Unter **Total Quality Management** werden alle **Strukturen, Abläufe, Vorschriften, Regeln, Anweisungen und Maßnahmen** verstanden, die dazu dienen, die **Qualität von Produkten** und **Dienstleistungen** einer Unternehmung in allen Funktionen (Entwicklung, Konstruktion, Fertigung etc.) und allen Ebenen durch die **Mitwirkung aller Mitarbeiter** termingerecht und zu **günstigen Kosten** zu gewährleisten sowie **kontinuierlich zu verbessern**, um eine **optimale Bedürfnisbefriedigung der Kunden** und der Gesellschaft zu ermöglichen.

Um die Bedürfnisse der Kunden und der Gesellschaft optimal zu befriedigen, genügt es nicht mehr, nur ihre Anforderungen bzw. ihre Erwartungen zu erfüllen, sondern ihnen müssen zusätzlich interessante Anreize am Produkt oder an der Dienstleistung geboten werden. Qualität erhält damit einen offensiven Charakter, der sich vom traditionellen Qualitätsverständnis grundlegend unterscheidet.

[37] vgl. Saatweber (1994), S. 81-83

Im Vergleich zum traditionellen Verständnis von Qualität ergeben sich darüber hinaus vor allem folgende Unterschiede:

- Qualität orientiert sich am Kunden,
- Qualität wird mit Mitarbeitern aller Bereiche und Ebenen erzielt,
- Qualität umfaßt mehrere Dimensionen,
- Qualität ist kein Ziel, sondern ein Prozeß, der nie zu Ende ist,
- Qualität bezieht sich nicht nur auf Produkte, sondern auch auf Dienstleistungen,
- Qualität ist keine Resultante, sondern Aktionsparameter.

4.2.2 Das System Total Quality Management

Um eine derartig weitreichende und komplexe Auffassung von Qualität zu realisieren, bedarf es eines geeigneten Systems.
Total Quality Management bedeutet die gezielte Gestaltung und Steuerung eines Systems, und zwar eines sogenannten sozio-technischen Systems. Sozio-technisches Systeme bestehen aus zwei Subsystemen, einem technischen und einem sozialen, sowie aus der Beziehung zwischen diesen beiden.

Die Elemente des technischen und sozialen Systems sind aus Abbildung 12 ersichtlich.

Für die Optimierung des Gesamtsystems genügt nicht die erfolgreiche Gestaltung eines Subsystems. Vielmehr liegt die Herausforderung darin, beide Subsysteme so zu verknüpfen, daß zugleich das Potential des sozialen und des technischen Systems auf beste Weise genutzt wird. Es gilt also, die beste Balance zu finden, die natürlich für jede Unternehmung in einer eigenen Kombination besteht.

Abb. 12 : Total Quality Management als sozio-technisches System[38]

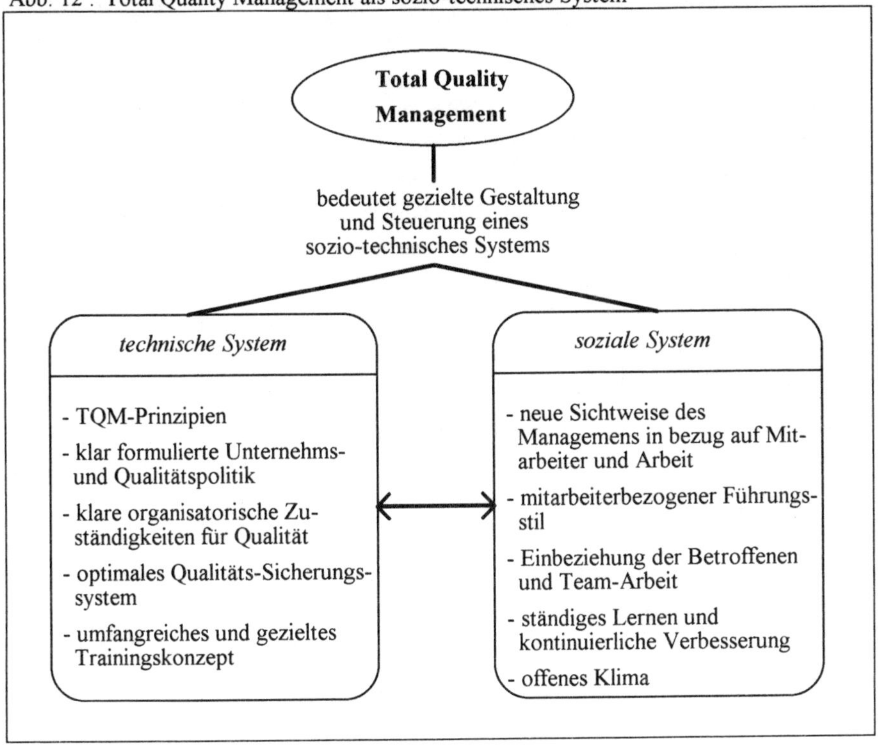

4.2.2.1 Das technische System

Wie aus Abbildung 12 ersichtlich besteht das technische Subsystem von TQM im wesentlichen aus den TQM-Prinzipien, einer klar formulierten Unternehmens- und Qualitätspolitik, klaren Zuständigkeiten für Qualität, einem optimalen Qualitätssicherungs-System (QS-System) und einem umfangreichen und gezielten Trainingskonzept.
Im folgenden soll diese einzelnen Elemente kurz näher erläutert werden.

❒ *TQM-Prinzipien*

Zu den wichtigsten TQM-Prinzipien gehört insbesondere die Orientierung am Kunden und Schlagworte wie 'The next process is your customer, 'Quality first', 'Speak with Data' und PDCA (Plan-Do-Control-Act).[39] Da die Orientierung am Kunden quasi der zentrale Inhalt

[38] in Anlehnung an die Ausführungen von Oess (1993), S. 90-110
[39] vgl. zu den TQM-Prinzipien insb. Oess (1993), S. 91-96

der TQM-Philosophie ist, soll im folgenden nur auf dieses TQM-Prinzip eingegangen werden.

Alle TQM-Firmen definieren Qualität ausschließlich vom Verbraucher her und richten Entwicklung, Fertigung sowie ihre weiteren betrieblichen Aktivitäten an dessen Vorstellungen aus. Sie verfolgen also ein kundenorientiertes Qualitätsverständnis. Oberstes Ziel hierbei ist die Erzielung von Kundenzufriedenheit. Dabei tauchen jedoch oft Schwierigkeiten auf, weil Verbraucher sich ihrer Vorstellungen nicht immer bewußt sind oder sie nicht ausdrücken können bzw. keine Informationen über die Zufriedenheit der Kunden vorliegen.
Die Orientierung am Kunden hat jedoch auch eine innerbetriebliche Dimension. So kann jede nachfolgende Abteilung als Kunde der vorhergehenden betrachtet werden. Für jeden Mitarbeiter wird damit der nächste Kollege oder die nächste Abteilung zum Kunden, sprich zu demjenigen, der die eigene Arbeitsleistung abnehmen wird und für den die Leistung entsprechend gestaltet werden muß. Die Qualität der Arbeit des einzelnen Mitarbeiters wird damit zu einem zentralen Hebel für das gesamte Qualitätsmanagement.

Auf dieses TQM-Prinzip, unter Umständen als Inhalt einer Unternehmens- oder Qualitätspolitik, muß sich eine Unternehmensleitung verpflichten und sie den Mitarbeitern auch modellhaft vorleben. Darüber hinaus müssen alle Mitarbeiter von diesen Überlegungen überzeugt werden, damit sie diese wiederum als Handlungsmaxime für ihr eigenes Verhalten übernehmen.

- *Klar formulierte Unternehmens- und Qualitätspolitik*

TQM setzt die erklärte Bereitschaft der Unternehmensleitung voraus, Qualität zum Mittelpunkt ihrer Aktivitäten zu machen. Sie muß dazu den Mitarbeitern eine Sichtweise vermitteln, die eine generelle Richtung vorgibt und als Quelle für die Energien der Mitarbeiter dient.
Dazu ist die Formulierung von Visionen, Missionen, Zielen, Grundsätzen und einer Qualitätspolitik erforderlich, die die jeweils speziellen Eigenschaften und Fähigkeiten einer Unternehmung zum Ausdruck bringt und zum Kristallisationspunkt für die Bemühungen aller Mitarbeiter macht.

- *Klare organisatorische Zuständigkeiten für Qualität*

Qualität muß von allen Mitarbeitern in den einzelnen Funktionen erzeugt werden. Um neue Produkte erfolgreiche entwickeln, konstruieren und fertigen zu können, müssen in jeder betrieblichen Funktion bestimmte Aktivitäten zur Qualitätssicherung stattfinden. Nur so wird sichergestellt, daß Qualität an jeder Stelle der Unternehmung erzeugt wird. Dies erfordert klare Zuständigkeiten für die damit betrauten Mitarbeiter und Funktionen über das

Ausmaß ihrer Verantwortung zur Planung, Diagnose und Sicherung von Qualität, Verhütung von Fehlern, Entwicklung von Produkten, Analyse und Behebung von Qualitätsproblemen usw. sowie präzise Systeme, Verfahren und Arbeitsanweisungen. Andererseits erfordert dieses Konzept eine intensive Kooperation in und zwischen den verschiedenen betrieblichen Abteilungen, wobei Abteilungsgrenzen überwunden werden müssen, um eine reibungslose Koordination, gute Kommunikation und einen freien Informationsfluß innerhalb der Unternehmung zwischen den einzelnen Abteilungen zu gewährleisten.

❐ *Optimales Qualitätssicherungssystem (QS-System)*

Effiziente QS-Systeme sind unabdingbar für Unternehmen, die Qualität im Wettbewerb gezielt einsetzen wollen. Ob jetzt ein unternehmensspezifisches QS-System oder ein QS-System nach DIN ISO 9000ff. eingerichtet wird, hängt von der Zielsetzung des jeweiligen Unternehmens ab. Allerdings sollten beide Systeme keine starren Regelwerke sein, sondern unternehmensspezifisch gestaltet werden. Wenn im Rahmen des TQM von einem Qualitätssicherungssystem gesprochen wird, so handelt es sich hierbei mehr um die Sicherung der technischen Qualität der Produkte und Dienstleistungen bzw. um die Umsetzung eines herstellerorientierten Qualitätsverständnis.

❐ *Umfangreiches und gezieltes Trainingskonzept*

TQM ist immer mit umfangreichen Trainingsmaßnahmen verbunden. Wenn die Anforderungen der Kunden an die Qualität eines Produktes sich ständig ändern, gilt dies konsequenterweise auch für die Prozesse, die mit der Herstellung dieses Produkts verbunden sind und die erforderlichen Fähigkeiten der beschäftigten Mitarbeiter. Ständiges systematisches Dazulernen wird damit zu einer wichtigen Voraussetzung für die Verbesserung der Qualität, ihrer Anpassung an die Wünsche der Kunden sowie für den Erfolg der Mitarbeiter und des Unternehmens.

4.2.2.2 Das soziale System

Das soziale oder menschliche System von TQM besteht im wesentlichen aus einer neuen Sichtweise des Managements in bezug auf Mitarbeiter und Arbeit, einem mitarbeiterbezogenen Führungsstil, der Einbeziehung der Betroffenen, Team-Arbeit, ständigem Lernen, kontinuierliche Verbesserung und einem offenen Klima.

❒ *Neue Sichtweise des Managements in bezug auf Mitarbeiter und Arbeit*

Innerhalb des TQM wird ein Großteil der Aufmerksamkeit auf die Qualität der Mitarbeiter gerichtet. Dafür ist jedoch eine neue Sichtweise des Managements dem Mitarbeiter gegenüber erforderlich. Die Auffassung, daß es zwei Klassen von Mitarbeitern gibt, nämlich Führungskräfte und Mitarbeiter oder gewerbliche und nicht-gewerbliche, paßt nicht in die Philosophie des TQM. Soll TQM erfolgreich sein, muß sich beim Management die Einstellung durchsetzen, daß Mitarbeiter ihr Bestes geben wollen. Mitarbeiter haben den Wunsch nach Weiterentwicklung und Vertrauen. Es ist daher für das Management eine ständige Herausforderung, nicht nur die Intelligenz des Mitarbeiters zu gewinnen, sondern auch sein Engagement.

Auch die traditionelle Auffassung des Managements über die Arbeit paßt nicht in die TQM-Philosophie. Arbeit ist nicht nur eine Aufgabe, sondern ein System, in dem Mitarbeiter auf eine bestimmte Technologie treffen und bei der beide Teile zur Herstellung eines Produktes so miteinander kombiniert werden, daß sowohl die Technologie ausgenutzt als auch der Beitrag des Mitarbeiters optimiert wird.

Auch die bisherige Gestaltung der Arbeit durch die Arbeitsvorbereitung paßt nicht in das TQM-Konzept. Achten bisher Vorgesetzte darauf, daß die Mitarbeiter die festgelegten Tätigkeiten ausführen, wird im TQM die Organisation der Arbeit zu einer Kooperation zwischen Führungskraft, Arbeitsvorbereitung und Mitarbeiter, was dem Mitarbeiter die Chance gibt, Einfluß auf das System auszuüben und damit Motivation aufzubauen.

❒ *Mitarbeiterbezogener Führungsstil*

TQM hat die Konsequenz, daß der Mitarbeiter aufgrund der sich stets verändernden und komplexer werdenden Aufgaben ständig weiterqualifizieren werden muß. Dadurch wird zwangsläufig auch mehr Verantwortung auf ihn übertragen. Dem muß auch der Führungsstil Rechnung tragen. **Betreuende Führung (Coaching) wird zur zentralen Aufgabe.**
Mehr Verantwortung bei den Mitarbeitern, also mehr Selbstkontrolle führt auch zu einer besseren Systemkontrolle. Dies setzt jedoch eine Atmosphäre der Offenheit und des Vertrauens voraus. Dies setzt wiederum das Bestehen von echten persönlichen Beziehungen zwischen den Beteiligten voraus. Erst Vertrauen ermöglicht Delegation von Verantwortung, die wiederum Voraussetzung für Eigeninitiative, Selbständigkeit, Teamarbeit und gemeinsam getragene Entscheidungen der Mitarbeiter und damit für das Funktionieren von TQM ist. Diese neuen Umgangsformen müssen allerdings durch ständiges Training eingeübt und erworben werden.

❐ *Einbeziehung der Betroffenen und Team-Arbeit*

Die Integration aller Mitarbeiter ist ein wichtiger Baustein des TQM. Nicht nur auf Managementebene müssen abteilungs- oder funktionsübergreifende Kooperationen in Form von Teams gebildet werden, sondern diese Zusammenarbeit muß in allen Bereichen und auf allen Ebenen stattfinden, damit ein Unternehmen das Potential und Engagement der Mitarbeiter nutzen kann. Diese Überlegungen führten zur Gründung des Quality-Circle-Konzepts, um auch jeden Mitarbeiter bis zur Basis hinunter in den Verbesserungsprozeß miteinzubeziehen. Hierdurch kann ein großer Teil des Motivationsproblems gelöst werden. Menschen engagieren sich für das am meisten, was sie aktiv mitgestalten können und woran sie sich beteiligt fühlen. Durch die aktive Beteiligung aller Mitarbeiter bei der Suche nach Lösungen für Qualitätsprobleme wird das Ziel erreicht, ein von allen getragenes Qualitätsbewußtsein auf allen betrieblichen Ebenen zu schaffen.

❐ *Ständiges Lernen und kontinuierliche Verbesserungen*

Dieses von den Japanern als 'Kaizen' bezeichnete Konzept bedeutet fortwährende Verbesserung unter Einbeziehung aller Mitarbeiter von der Basis bis zum Top Management.[40] Eine der wichtigsten Konsequenzen dieses Konzeptes ist, daß es ein prozeßorientiertes Vorgehen verlangt. Dies bedeutet aber auch, daß die Erzielung besserer Ergebnisse nur durch die Optimierung der Arbeitsprozesse und diese wiederum nur durch Bemühungen zur Verbesserung der sozialen Fertigkeiten und technischen Fähigkeiten der Mitarbeiter erreicht werden kann. Für viele Manager, die TQM einführen wollen, erfordert dies ein beträchtliches Maß an Umdenken, da diese Philosophie in krassem Gegensatz zu ihrem herkömmlichen, rein ergebnisorientierten Denken steht.

❐ *Offenes Klima*

In einem TQM-System kommt einem offenen Klima besondere Bedeutung zu. Wenn jeder Mitarbeiter, jede Abteilung und jede Funktion verantwortlich ist, muß auch jeder Vorschläge und Kritik einbringen. Das bedeutet, daß alle Mitarbeiter die Möglichkeit erhalten müssen, frei und offen ihre Meinung zu sagen. Angst vor Repressionen ist oft das größte Hindernis für eine gelöste Atmosphäre. Neue, kreative Lösungen und Verbesserungen brauchen jedoch die offene Kommunikation und Konfrontation. **Aufbau von Vertrauen beziehungsweise Abbau von Mißtrauen ist aus diesem Grund eine der Hauptaufgaben bei der Einführung von TQM.**

---

[40] vgl. zum Konzept 'Kaizen' insb. Imai (1986)

4.2.3 Programme zur Realisierung von Total Quality Management

Nachdem nun das technische und soziale System des Total Quality Management ausführlich beschrieben wurde, soll nun auf die zahlreichen in den letzten Jahren entstandenen Qualitätspreise und -auszeichnungen eingegangen werden. Grundlegende Idee dieser Preise ist es, die Überlegungen des TQM zu verbreiten und Unternehmen zu motivieren, TQM einzuführen.

Diese Preise wollen Gewinner identifizieren, die als Vorbildunternehmen in Bezug auf TQM gelten können. Dennoch liegt die Bedeutung der Preise nicht in der Preisverleihung an sich, sondern der Nutzen für das Unternehmen liegt im gesamten Bewerbungsprozeß. Durch Umsetzung der den Preisen zugrundeliegenden Bewertungskriterien im Unternehmen wird die Unternehmenskultur zum Total Quality Management hingeführt. Es erfolgt eine Beeinflussung der gesamten Ablauf- und Aufbauorganisation. Deshalb können diese Qualitätspreise durchaus auch als Programme zur Realisierung von Total Quality Management bezeichnet werden.

❒ *Der Malcolm Baldrige National Quality Award*

Als die Kritik in Wirtschaft und Politik über den Niedergang der amerikanischen Position auf den Weltmärkten anstieg, entstand zu Beginn der 80er Jahre die Idee zur Auslobung eines Qualitätspreises. Zu dieser Zeit wuchs das Bewußtsein, daß der Verlust an Marktanteilen und Wettbewerbsfähigkeit auch darauf zurückzuführen war, daß im amerikanischen Managementverständnis kurzfristige Profitziele dominierten, während langfristige Faktoren des Unternehmenserfolges, wie Produkt- und Servicequalität, tendenziell vernachlässigt wurden. Gleichzeitig wurde im Vergleich mit den erfolgreichen Konkurrenten klar, daß sich deren Total Quality Management-Konzept gegenüber dem in Amerika vorherrschenden auf Kontrolle ausgerichteten Qualitätsverständnis als überlegen erwies. In dieser Situation erschien ein attraktiver Qualitätspreis als ein wesentlicher Impulsgeber, um den erforderlichen Prozeß eines unternehmenskulturellen Wandels in der amerikanischen Wirtschaft zu beschleunigen und damit die Kundenorientierung und Wettbewerbsfähigkeit der Unternehmen zu fördern. Nach mehrjähriger Vorbereitungsarbeiten wurde der Malcolm Baldrige National Quality Award (MBNQA) im August 1987 mit dem "Malcolm Baldrige Quality Improvement Act" eingeführt.[41]

[41] vgl. Stauss, Scheuing (1994), S. 307

Der Malcolm Baldrige National Quality Award stellt eine Konkretisierung der Prinzipien des Total Quality Managements dar. Er baut auf einem breiten Qualitätsverständnis auf und beinhaltet eine Reihe von entscheidenden Grundüberzeugungen (vgl. Abbildung 13).

Abb. 13 : Grundsätzliche TQM-Prinzipien des MBNQA[42]

- Qualität wird von Kunden bestimmt
- Verantwortung der Unternehmensführung
- Kontinuierliche Verbesserung
- Mitarbeiterbeteiligung und -entwicklung
- schnelle Reaktion
- Planungsqualität und Fehlerprävention
- langfristige Perspektive
- faktenorientiertes Management
- Partnerschaftsbildung
- soziale Verantwortung

Im Zentrum des MBNQA steht die Grundüberzeugung, daß Qualität vom Kunden definiert und bestimmt wird. Das Qualitätsmanagement nimmt seinen Ausgangspunkt bei den Produkt- und Dienstleistungsmerkmalen, die einen Beitrag zum Kundennutzen leisten und zu Kundenzufriedenheit und der Bildung von Kundenpräferenzen führen. Dieses Verständnis impliziert ein strategisches Konzept, das auf Kundenbindung als Voraussetzung für die Erreichung von Marktanteilen ausgerichtet ist.
Um nun festzustellen und zu bewerten, inwieweit die Unternehmen, die sich um den Preis bewerben, diese Grundsätze beachten, werden im Rahmen des MBNQA sieben grundlegende Kategorien herangezogen (siehe Abbildung 14): Unternehmensführung, Information und Analyse, Strategische Qualitätsplanung, Human Resource Management, Prozeßqualitäts-Management, Qualitäts- und Betriebsergebnisse und Kundenorientierung und -zufriedenheit.

[42] vgl. Stauss, Scheuing (1994), S. 309

Abb. 14: Kriterienmodell des Malcolm Baldrige National Quality Award[43]

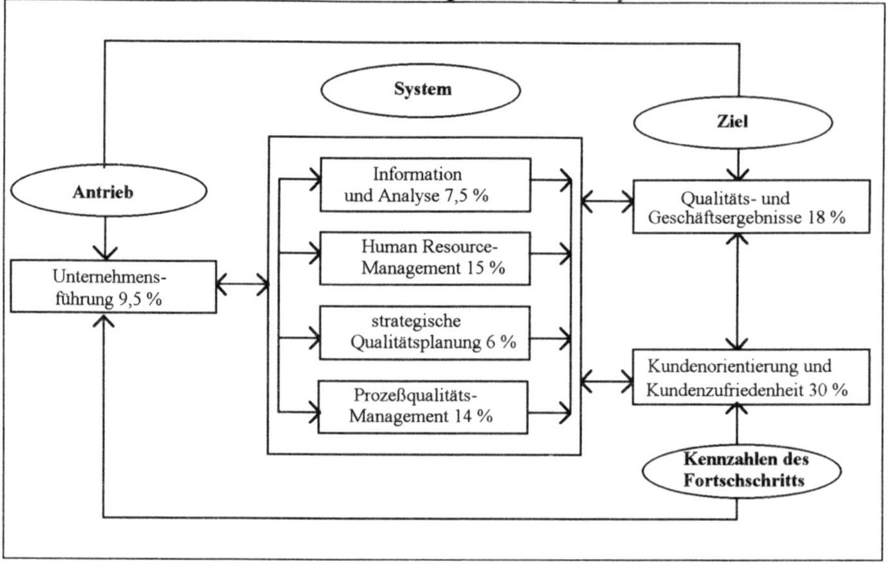

Dieses Modell unterstellt einen dynamischen Zusammenhang zwischen den einzelnen Elementen. Es geht davon aus, daß das letztendliche Ziel aller qualitätsorientierten Bemühungen die Erreichung von Kundenzufriedenheit darstellt. Die sieben Kategorien werden jeweils in Subkategorien und Einzelpunkte unterteilt, die genaue Informationen über die Intention der Subkategorie und die Art der gewünschten Angaben liefern. Vergleiche hierzu Abbildung 15.

Die wesentliche praktische Bedeutung des MBNQA-Qualitätsmodells liegt darin, daß mit Hilfe des differenzierten Kriterienkataloges und der zusätzlichen Erläuterungen in den Bewerbungsunterlagen sehr konkrete Informationen über mögliche Managementmaßnahmen geliefert werden. Auf dieser Weise bietet dieser Ansatz ein praktikables Managementkonzept, das man als 'Management by MBNQA' bezeichnen könnte. Zentrale Anwendungsbereiche des Kriterienkataloges liegen zum einen in der Analyse und Bewertung des derzeitigen Ist-Zustandes und in der Entwicklung von Verbesserungsmaßnahmen; zum anderen bietet es für Unternehmen, die im Stadium der Einführung von TQM sind, eine wesentliche Planungshilfe.

[43] vgl. Höth, Dauben, Stern (1995), S. 63

Abb. 15 : Malcolm Baldrige National Quality Award-Bewertungsschema 1994[44]

Kategorie/Subkategorie		Max. Punkte
1.0	**Unternehmensführung**	**95**
1.1	Führung durch das Top-Management	45
1.2	Management für Qualität	25
1.3	Öffentliche und staatsbürgerliche Verantwortung	25
2.0	**Information und Analyse**	**75**
2.1	Breite und Nutzung von Qualitäts- und Leistungsdaten	15
2.2	Wettbewerbsvergleiche und Benchmarking	20
2.3	Analyse und Nutzung gesamtunternehmensbezogener Daten	40
3.0	**Strategische Qualitätsplanung**	**60**
3.1	Prozeß der strategischen Planung von Qualität und unternehmerischer Leistung	35
3.2	Qualitäts- und Leistungspläne	25
4.0	**Human Resource Management**	**150**
4.1	Human Resource Planung und Management	20
4.2	Mitarbeiterbeteiligung	40
4.3	Qualitätsausbildung und -weiterbildung	40
4.4	Mitarbeiterleistung und -anerkennung	25
4.5	Wohlergehen und Zufriedenheit der Mitarbeiter	25
5.0	**Prozeßqualitäts-Management**	**140**
5.1	Entwicklung und Einführung von hochqualitativen Sachgütern und Dienstleistungen	40
5.2	Prozeßmanagement: Produktion und Lieferung von Sachgütern und Dienstleistungen	35
5.3	Prozeßmanagement: Geschäfts- und unterstützende Dienstleistungsprozesse	30
5.4	Qualität der Zuliefererunternehmen	20
5.5	Qualitätssicherung	15
6.0	**Qualitäts- und Betriebsergebnisse**	**180**
6.1	Ergebnisse: Sachgüter- und Dienstleistungsqualität	70
6.2	Ergebnisse: Unternehmerische Maßnahmen	50
6.3	Ergebnisse: Geschäfts- und unterstützende Dienstleistungsprozesse	25
6.4	Ergebnisse: Qualität der Zuliefererunternehmen	35
7.0	**Kundenorientierung und Kundenzufriedenheit**	**300**
7.1	Aktuelle und zukünftige Kundenerwartungen	35
7.2	Kunden-Beziehungsmanagement	65
7.3	Kundenbindungsmaßnahmen	15
7.4	Bestimmung der Kundenzufriedenheit	30
7.5	Kundenzufriedenheit: Ergebnisse	85
7.6	Kundenzufriedenheit: Vergleiche	70
Totale Punktzahl		**1000**

[44] vgl. Stauss, Scheuing (1994), S. 315

❐ Der European Quality Award

Im September 1988 wurde die 'European Foundation for Quality Management' (E.F.Q.M) gegründet. Die Schaffung eines Europäischen Qualitätspreises für Wirtschaftsunternehmen stand von Anfang an ganz oben auf der Liste wichtiger Aktivitäten. Gestützt durch den Erfolg des amerikanischen Qualitätspreises und der Aussicht, auf diese Weise Vorzeigebeispiele für Spitzenleistungen zu identifizieren, war man von der Richtigkeit dieses Vorhabens überzeugt.

In einem ersten Schritt mußte ein Modell für unternehmerische Spitzenleistungen entwickelt werden. Workshops mit Experten aus ganz Europa wurden abgehalten, um Faktoren, die für den Erfolg ausschlaggebend sind, festzulegen - Faktoren, die sich langfristig bewähren und für die gesamten 90er Jahre relevant sein sollten. Das Modell, das in diesem Prozeß entwickelt wurde, hebt neun Kriterien hervor (siehe Abbildung 16 und 17).
Mit diesem Modell wird ausgedrückt, daß Kundenzufriedenheit, Mitarbeiterzufriedenheit und positive Wirkungen für die Gesellschaft erzielt werden durch die Führung, die die Unternehmenspolitik und -strategie sowie das Management von Personal, Ressourcen und Prozessen lenkt, was schließlich zu herausragenden Geschäftsergebnissen führt.

Abb. 16 : Kriterienmodell des European Quality Award[45]

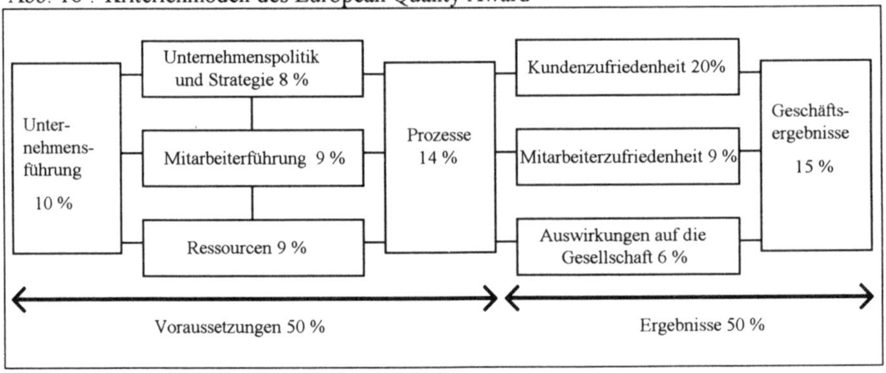

Die fünf Kriterien auf der linken Seite des Modells sind die Voraussetzungen. Sie betreffen das Qualitätsmanagementsystem des Unternehmens und die Art und Weise, wie die verschiedenen Aktivitäten ausgeführt werden. Die vier Kriterien auf der rechten Seite sind die Ergebnisse und stellen sicher, daß die Ergebnisse aus dem Blickwinkel von vier Hauptinteressengruppen betrachtet werden: der Kunden, der Mitarbeiter, der Gesellschaft und derjenigen, die ein direktes finanzielles Interesse an dem Unternehmen haben. Diese Kriterien betreffen die Trends der erzielten Ergebnisse sowie deren Vergleich mit internen Zielen, Wettbewerbern und 'Best-in-Class'-Unternehmen. Die Ergebnis-Kriterien beant-

[45] vgl. Höth, Dauben, Stern (1995), S. 63

worten somit die Frage, was erreicht worden ist. Die Verteilung der Prozentpunkte auf die einzelnen Kriterien stellt sicher, daß 50% der Punkte den Voraussetzungen und 50% den Ergebnissen zugemessen werden.[46]

[46] vgl. Ellis (1994), S. 280

Abb. 17 : Die Kriterien des Europäischen Modells für Total Quality Management[47]

Teil A: Die Voraussetzungen

1. Unternehmensführung

Das Verhalten aller Führungskräfte, um das Unternehmen zu umfassender Qualität zu führen. Wie das Führungsteam und alle anderen Führungskräfte umfassende Qualität als grundlegenden Prozeß des Unternehmens für eine kontinuierliche Verbesserung initiieren und durchsetzen.

Ein umfassender Qualitätsansatz soll folgendes zeigen:
1.1 Sichtbares Engagement bei der Führung von umfassender Qualität
1.2 Eine beständige umfassende Qualitätskultur
1.3 Rechtzeitiges Anerkennen und Würdigen der Anstrengungen und Erfolge von Einzelpersonen und des Teams
1.4 Förderung von Total Quality durch Bereitstellung geeigneter Ressourcen und Unterstützung
1.5 Engagement bei Kunden und Lieferanten
1.6 Aktive Förderung von umfassender Qualität außerhalb des Unternehmens

2. Unternehmenspolitik und Strategie

Zweck, Werte, Leitbild und strategische Ausrichtung des Unternehmens sowie Art und Weise ihrer Rationalisierung durch das Unternehmen.
Wie die Politik und die Strategie des Unternehmens den Begriff der umfassenden Qualität widerspiegelt und dessen Grundsätze bei der Festlegung, Verwirklichung, Überprüfung und Verbesserung der Politik und der Strategie angewandt werden.

Ein umfassender Qualitätsansatz soll zeigen:
2.1 Wie Politik und Strategie auf dem Konzept der umfassenden Qualität beruhen.
2.2 Wie Politik und Strategie aufgrund von Informationen festgelegt werden, die für umfassende Qualität relevant sind.
2.3 Wie Politik und Strategie die Grundlage von Unternehmensplänen bilden.
2.4 Wie Politik und Strategie bekannt gemacht werden.
2.5 Wie Politik und Strategie regelmäßig überprüft und verbessert werden.

3. Mitarbeiterführung

Die Führung der Mitarbeiter des Unternehmens.
Wie das Unternehmen das gesamte Potential seiner Mitarbeiter freisetzt, um seine Geschäftstätigkeit ständig zu verbessern.

[47] vgl. Ellis (1994), S. 297-299

Abb. 17 : Die Kriterien des Europäischen Modells für Total Quality Management (Fortsetzung)

Ein umfassender Qualitätsansatz soll zeigen:

3.1 Wie eine ständige Verbesserung der Mitarbeiterführung erzielt wird.
3.2 Wie die Kenntnisse und Fähigkeiten der Mitarbeiter bei der Einstellung, Schulung und Karriereplanung aufrechterhalten und weiterentwickelt werden.
3.3 Wie Mitarbeiter und Teams Ziele vereinbaren und ständig den Fortschritt überprüfen.
3.4 Wie die Beteiligung aller Mitarbeiter an der ständigen Verbesserung gefördert wird und wie Mitarbeiter autorisiert werden zu handeln.
3.5 Wie eine wirksame Kommunikation von oben nach unten und umgekehrt erzielt wird.

4. Ressourcen

Management, Einsatz und Erhaltung von Ressourcen.
Wie die Ressourcen des Unternehmens wirksam zur Unterstützung der Politik und der Strategie eingesetzt werden.
Es ist nachzuweisen, wie ständige Unternehmensverbesserungen durch das Management von Ressourcen erzielt werden.

4.1 Finanzielle Ressourcen
4.2 Informations-Ressourcen
4.3 Materielle Ressourcen und Sachanlagen
4.4 Nutzung von Technologie

5. Prozesse

Das Management aller wertschöpfender Tätigkeiten im Unternehmen.
Wie Prozesse identifiziert, überprüft und gegebenenfalls geändert werden, um eine kontinuierliche Verbesserung der Geschäftstätigkeit zu gewährleisten.

5.1 Wie die für den Unternehmenserfolg wesentlichen Prozesse identifiziert werden.
5.2 Wie das Unternehmen seine Prozesse systematisch führt.
5.3 Wie Leistungsmessungen von Prozessen neben allem relevanten Feedback verwendet werden, um Prozesse zu überprüfen und Ziele für Verbesserungen zu setzen.
5.4 Wie das Unternehmen Innovationen und Kreativität bei der Prozeßverbesserung anregt.
5.5 Wie der Betrieb Prozeßänderungen einführt und den Nutzen bewertet.

Teil B: Die Ergebnisse

Die Erfolgskriterien beziehen sich darauf, was das Unternehmen erreicht hat und noch erreicht. Im Rahmen des Europäischen Qualitätspreises sollten die Ergebnisse und Trends des Unternehmens für alle Ergebniskriterien im Hinblick auf

- die gegenwärtige Leistung des Unternehmens
- die eigenen Ziele des Unternehmens

Abb. 17 : Die Kriterien des Europäischen Modells für Total Quality Management (Fortsetzung)

und nach Möglichkeit

- ❐ die Leistung der Konkurrenz
- ❐ die Leistungen der "klassenbesten" Unternehmen in Angriff genommen werden.

Die Bewertung sollte den Grad der Abdeckung der betrieblichen Tätigkeit von den gewählten Parametern sowie die relative Bedeutung der Parameter angeben, die zur Messung der Ergebnisse gewählt wurden.

6. Kundenzufriedenheit

Welchen Eindruck externe Kunden vom Unternehmen und dessen Produkten und Dienstleistungen haben.
Ein umfassender Qualitätsansatz führt dazu, daß die Bedürfnisse und Erwartungen der Kunden befriedigt werden.

7. Mitarbeiterzufriedenheit

Wie die Mitarbeiter ihr Unternehmen empfinden.
Ein umfassender Qualitätsansatz soll die Bedürfnisse und Erwartungen der Mitarbeiter befriedigen.

8. Auswirkungen auf die Gesellschaft

Welchen Eindruck die Öffentlichkeit insgesamt vom Unternehmen hat. Dazu gehören Meinungen über die Einstellung des Unternehmens zur Lebensqualität, zur Umwelt und zur Erhaltung der globalen Ressourcen.
Ein umfassender Qualitätsansatz befriedigt in zunehmendem Maße die Bedürfnisse und Erwartungen der gesamten Öffentlichkeit.

9. Geschäftsergebnisse

Was das Unternehmen in bezug auf seine geplante betriebliche Leistung erreicht.
Ein umfassender Qualitätsansatz beinhaltet sowohl finanzielle als auch nichtfinanzielle Ziele und Vorgaben und befriedigt die Bedürfnisse und Erwartungen der Personen, die ein finanzielles Interesse an der Unternehmen haben.

Der European Quality Award (EQA) wurde im Oktober 1991 auf dem jährlich stattfindenden E.F.Q.M.-Forum in Paris eingeführt. Die ersten Award- und Medaillengewinner wurde im Oktober 1992 verliehen.

Wie beim MBNQA liegt die besondere Bedeutung des EQA darin, Unternehmen Ansätze und Hilfestellungen für die Einführung von Total Quality Management zu geben. Der EQA stellt hierbei ein praktikables Managementkonzept dar. Als wichtigstes Werkzeug für die Anwendung des Kriterienkatalogs des EQA ist die sogenannte 'Selbstbewertung' anzusehen. Die Selbstbewertung umfaßt eine systematische Messung und Überprüfung aller Schlüsselaktivitäten und -ergebnisse eines Unternehmens und gilt als Grundlage für die kontinuierliche Verbesserung der Geschäftstätigkeiten eines Unternehmens.

4.3 Zur Bedeutung der Kundenzufriedenheit in den beschriebenen Qualitätsmanagementsystemen

Sowohl die Normen DIN ISO 9000ff. als auch das TQM und die damit verbundenen Programme (MBNQA, EQA) beschreiben Qualitätssicherungs- und Qualitätsmanagementsysteme, die das Ziel verfolgen, qualitativ hochwertige Produkte für die Kunden bereitzustellen. An dieser Stelle erscheint es angebracht, diese Qualitätsmanagementsysteme darauf zu untersuchen, inwieweit sie dem Prinzip der Kundenorientierung und dem damit eng verbundenen Ziel der Kundenzufriedenheit tatsächlich entsprechen.

Um diese Frage zu beantworten, sollen die Normen DIN ISO 9000ff. den TQM-Überlegungen gegenübergestellt werden. Hierzu werden im folgenden diese beiden Systeme hinsichtlich ihrem zugrundeliegenden Qualitätsverständnis, ihrer Zielsetzung und ihrer Reichweite bzw. Ausrichtung gegenübergestellt. Darüber hinaus sollen diese Systeme beurteilt werden, inwieweit sie Verbesserungen fordern und inwieweit sie die Mitarbeiter integrieren. An dieser Stelle sei darauf hingewiesen, daß die folgende Gegenüberstellung der DIN ISO 9000ff. und des Total Quality Management nicht umfassend ist.[48] Vielmehr sollen nur die Aspekte diskutiert werden, die im Rahmen des grundsätzlichen Prinzips der Kundenorientierung und der damit eng verbundenen Kundenzufriedenheit relevant sind.

❐ *Qualitätsverständnis*

Das Qualitätsverständnis des Total Quality Management und der Normen DIN ISO 9000ff. fundamentieren in einem weiten Umfang die Zielsetzung und die inhaltliche Gestaltung dieser Systeme. Aus diesem Grund soll zuerst auf die Qualitätsverständnisse dieser beiden Systeme eingegangen werden.
Die Normen DIN ISO 9000ff. verstehen gem. DIN ISO 8402 unter Qualität die Gesamtheit von Eigenschaften und Merkmalen eines Produktes oder einer Dienstleistung bezüglich ihrer Eignung, festgelegte oder vorausgesetzte Erfordernisse zu erfüllen. Diese Definition von Qualität ist eindimensionaler Natur. Sie bezieht sich nur auf Beständigkeit in der Produktion

[48] vgl. zu einer umfassenden Diskussion der DIN ISO 9000ff. und des Total Quality Management u.a. Reimann, Hertz (1994), S. 333ff.; Ellis (1994), S. 292ff.; Döttinger, Klaiber (1994), S. 270ff.

eines Produktes oder einer Dienstleistung. Das **Normensystem DIN ISO 9000ff. verfolgt ein herstellerorientiertes Qualitätsverständnis**, das äußerst technokratisch ist und kundenbezogene Qualitätsforderungen vollends vernachlässigt bzw. stillschweigend davon ausgeht, daß die Kundenanforderungen hinsichtlich der Qualität bekannt sind. Vorherrschend ist also eine produktbezogene bzw. prozeßbezogene Betrachtungsweise, die auf die Absicherung vorgegebener Anforderungen und eine geeignete Form der Nachweisführung abzielt.
Im Rahmen des Total Quality Management wird dagegen ein kundenorientiertes Qualitätsverständnis verfolgt. Kundenorientierte Qualität ist hier ein strategisches Konzept, daß auf Kundenbindung abzielt und ein beständiges Einfühlungsvermögen für Kunden- und Marktanforderungen erfordert. Realisiert wird dieses Ziel durch eine konsequente Steuerung des sozialen und technischen Systems eines Unternehmens durch das Top-Management.

Es kann also festgestellt werden, daß das Qualitätsverständnis von TQM und den DIN-Normen sich grundlegend unterscheidet. Verfolgt das Normensystem DIN ISO 9000ff. ein herstellerorientiertes Qualitätsverständnis, so liegt der Schwerpunkt beim TQM bei dem Kunden und seinen Vorstellungen von Qualität. Dies bedeutet jedoch nicht, daß ein Unternehmen, daß sich nach den Vorschriften DIN ISO 9001 bis 9003 zertifizieren läßt, sich grundsätzlich nur auf die produkt- und prozeßbezogenen Aspekte von Qualität konzentriert. Oftmals wird im Rahmen einer Qualitätspolitik, die sich nach den Normen DIN ISO 9000ff. ausrichtet, der kundenbezogene Aspekt der Qualität ebenfalls integriert. Gefordert wird diese Integration von den Normen jedoch nicht, was oftmals dazu führt, daß der Kunde und seine Anforderungen bei der Konzeptionierung und Implementierung eines Qualitätsmanagementsystems nach den Normen DIN ISO 9000ff. 'vergessen' wird, was auch durch die Tatsache gefördert wird, daß der Begriff 'Kunde' außer im Zusammenhang mit den Ausführungen zum Qualitätssicherungselement 'Kundendienst' in keiner einzigen Norm erwähnt wird.

❐ *Zielsetzung*

Ausgehend von diesen Interpretationen von Qualität beschreiben diese Qualitätsmanagementsysteme unterschiedliche Zielsetzungen.

Das grundlegende Ziel der Normen DIN ISO 9000ff. besteht in der Sicherstellung der Erfüllung von Qualitätsanforderungen und einer damit verbundenen Verhütung von Fehlern in allen Phasen vom Design bis hin zum Kundendienst.[49] Realisiert werden soll dieses Ziel durch die Sicherstellung der mittelbaren Qualität der Produkte, wobei unter

[49] vgl. DIN ISO 9001 (Mai 1990), Abschnitt 1.1, 2. Absatz

mittelbarer Produktqualität die "Darlegung und Prüfung der Qualität der Arbeit und Prozesse, mit denen Produkte geplant, entwickelt, konstruiert und gefertigt werden"[50] verstanden wird. Die Absicht der Normenreihe liegt also nicht in der Normierung der unmittelbaren Produktqualität, sondern vielmehr in der Sicherstellung der Qualität der vorgelagerten Arbeiten und Prozesse. Diese Überlegungen finden ihren Niederschlag in dem in Kapitel 4.1.3 dieses Teils bereits beschriebenen Qualitätskreis, wobei den Elementen des Qualitätskreises konsistente Vorgehensweisen bei genau festgelegten Abläufen, einschließlich einer sorgfältigen Dokumentation dieser Verfahren zugeordnet sind.

Das Total Quality Management geht im Gegensatz hierzu einen Schritt weiter. Durch eine gezielte Gestaltung und Steuerung eines sozio-technischen Systems versucht das TQM, eine hohe Qualität von Produkten und Dienstleistungen zu gewährleisten, um hierdurch das originäre Ziel dieses Systems, die optimale Bedürfnisbefriedigung des Kunden und somit Kundenzufriedenheit zu realisieren. Das TQM befaßt sich also nicht nur mit der mittelbaren Qualität von Produkten und Dienstleistungen, sondern auch mit der unmittelbaren Produktqualität und der Qualität der Umweltbeziehungen. **Der Schwerpunkt des TQM liegt somit eindeutig auf der Erzielung von Kundenzufriedenheit**.

Im Rahmen des Normensystems stellt die unmittelbare Produktqualität also nur eine Resultante dar. Sie ist kein selbständiges Element im Rahmen der Normen. Im Rahmen des TQM ist die unmittelbare Produktqualität Teil einer umfassenden Qualitätspolitik. Durch das Zusammenspiel der Elemente der Qualitätspolitik des TQM sollen qualitativ hochwertige Produkte erzeugt und dem Kunden zur Verfügung gestellt werden.

Die Produktion qualitativ hochwertiger Produkte ist nicht unmittelbar festgeschriebenes Ziel im Rahmen der DIN-Normen. Dadurch, daß Unternehmen die Anforderungen an ihre Produkte selbst definieren, kann es durchaus geschehen, daß ein Unternehmen Produkte herstellt, die den Anforderungen der Kundschaft nicht entsprechen. "Ob eine Firma Radios herstellt, die rauschen, oder Fernseher ohne Bildschirm - Zertifizierbar ist das Unternehmen in jedem Fall", zitiert Rieker einen TQM-Berater in einem Artikel im Manager Magazin.[51] Ein Qualitätsmanagementsystem nach den Normen DIN ISO 9000ff. garantiert für Kunden in keinster Weise qualitativ hochwertige Produkte, sondern nur die Produktion von Produkten entsprechend den im Vorfeld formulierten standardisierten Prozessen und Verfahren.

[50] Schwickert, Beemelmann, Kargl (1995a), S. 129
[51] vgl. Rieker (1995), S. 203

❒ *Reichweite*

Aufgrund dieser Zielsetzungen unterscheiden sich auch Ausrichtung bzw. Reichweite dieser Qualitätsmanagementsysteme.

Da sich das Normensystem DIN ISO 9000ff. mehr auf die Qualität von Fertigungsprozessen konzentriert, endet die Reichweite dieses Systems - vereinfacht ausgedrückt - **im Fertigwarenlager**. Im wesentlichen werden nur die Bereiche Design/Entwicklung, Produktion, Montage, Kundendienst und die Endprüfung abgedeckt bzw. kommen für eine Zertifizierung in Betracht. Typische Aufgaben einer Unternehmensleitung, wie etwa Marketing und Vertrieb, Rechnungswesen, Personalwesen (außer Schulung) oder Datenverarbeitung sind hier keine Bestandteile des Qualitätssicherungssystems.

Das Total Quality Management geht weiter. Es beinhaltet einen ganzheitlichen Ansatz und bezieht sich somit auf das gesamte Unternehmen. **Im Mittelpunkt aller Überlegungen steht der Kunde und seine Erwartungen und Anforderungen**. Diese umfangreiche Ausrichtung drückt sich auch durch den Begriff 'Total' aus. 'Total' bedeutet, daß das gesamte Unternehmen - alle Geschäftsbereiche und alle Angehörigen des Unternehmens - ohne Ausnahme in die Qualitätsverbesserung einbezogen werden müssen. Dieses gilt ausdrücklich nicht nur für Produkte, sondern auch für Dienstleistungen und sonstige Tätigkeiten. Das bedeutet, daß sich auch die Qualität des Service nach den Prinzipien des TQM richten muß.

❒ *Kontinuierliche Verbesserung*

Ein wesentliches Element des Total Quality Management ist das ständige Lernen und die kontinuierliche Verbesserung. Exzellente Qualität ist nicht ein einmal erreichter Zustand, sondern das Ergebnis gut durchdachter Planungen und des kompromißlosen Strebens nach kontinuierlichen Verbesserungen. Unter kontinuierlichen Verbesserungen versteht man die Beseitigung von Fehlleistungen aller Art, von unrationellen Arbeitsabläufen, Behinderungen, Kommunikations- und Informationslücken, Führungsproblemen u.v.m. Darunter fallen nicht die großen Innovationen an Produkten, Prozessen und Einrichtungen. Diese sind reine unternehmerische Entscheidungen und Visionen, die durch die Methoden von TQM zwar verbessert und sicherer gemacht werden können, aber nicht das primäre Ziel desselben sind. Innovationen bedeuten einen sehr großen Verbesserungssprung, der sporadisch und selten erfolgt. Verbesserungen im Sinne von TQM umfassen dagegen viele kleinere Verbesserungsschritte in kurzen Zeitabschnitten. Ziel des ständigen Lernens und der kontinuierlichen Verbesserung ist es also, die Prozesse innerhalb des Unternehmens ständig zu überprüfen und sich ständig den ändernden

Marktbedingungen und Kundenanforderungen anzupassen, um letztendlich die Kundenzufriedenheit zu steigern. Das Ziel von progressiver Kundenzufriedenheit (vgl. Teil B, Kapitel 2.4) fordert diese ständige Verbesserung. **Somit handelt es sich beim Total Quality Management um ein dynamisches System**.

Im Normensystem DIN ISO 9000ff. fehlen Hinweise auf die kontinuierliche Verbesserung der Qualität von Sachgütern und Dienstleistungen, die über Korrekturen zur Erfüllung der Anforderungen und zur Reduzierung von Kundenbeschwerden hinausgehen. Natürlich werden Qualitäts- und Prozeßverbesserungen von den DIN-ISO-9000ff.-Normen weder ausgeschlossen noch behindert. Tatsächlich integrieren viele zertifizierte Unternehmen Qualitäts- und Produktivitätsverbesserungen in ihr System. Doch die Verantwortung von Unternehmen liegt nach DIN ISO 9000ff. indes darin sicherzustellen, daß die eingesetzten Verfahren mit dem zertifizierten Qualitätssicherungssystem übereinstimmen. Im Vergleich zum TQM handelt es sich also bei Qualitätsmanagementsystemen nach DIN ISO 9000ff. eher um statische Systeme, die deshalb das Ziel der Steigerung von Kundenzufriedenheit nicht proaktiv gestalten können.

❐ *Integration der Mitarbeiter*

Ein wichtiges Element zur Erzeugung von Qualität und zum Erreichen von Kundenzufriedenheit sind die Mitarbeiter. **Die Mitarbeiter müssen motiviert werden, bei ihrer Arbeit ständig den Kunden und seine Kundenprobleme im Auge zu haben**.[52] Dies gilt um so mehr für die Mitarbeiter, die tagtäglich mit Kunden in Kontakt kommen. Nur so kann es einem Unternehmen gelingen, in allen Bereichen eine Qualität zu erzeugen, die den Anforderungen und Wünschen der Kunden entspricht. Es muß deshalb Ziel der Unternehmensleitung sein, ein kundengerichtetes und kundengerechtes Denken und Handeln im Unternehmen zu fördern und zu leben. Es reicht nicht aus, die Kundenorientierung in den Unternehmensgrundsätzen zu fixieren. Vielmehr bedarf es der Schaffung des nötigen Bewußtseins bei den Mitarbeitern. Haist/Fromm schreiben hierzu: "Qualität ist vor allem eine Frage der inneren Einstellung eines jeden zu seiner Arbeit. Es kommt darauf an, Qualität nicht nur von anderen zu fordern, sondern sie selbst im eigenen Verantwortungsbereich zu leisten. Wir haben alle unsere Kunden - externe wie interne -, die mit ihrer Arbeit auf unsere Arbeitsergebnisse aufbauen, deren Anforderungen wir erfüllen müssen und deren Zufriedenheit unser oberstes Ziel sein muß."[53]

Hinsichtlich der Bedeutung der Mitarbeiter unterscheiden sich das Total Quality Management und das Normensystem DIN ISO 9000ff. erheblich. Während im Rahmen des

[52] vgl. zur Integration der Kundenorientierung und Kundenzufriedenheit in die interne Kommunikation u.a. Föhrenbach (1995), S. 20ff.

[53] Haist, Fromm; zitiert nach Rentschler (1995), S. 36f.

TQM den Mitarbeitern als wesentlicher Bestandteil des sozialen Systems große Aufmerksamkeit zukommt, wird den Mitarbeiter in den Normen DIN ISO 9000ff. nicht sehr viel Beachtung geschenkt. So fordert das TQM eine neue Sichtweise des Mitarbeiters und der Arbeit. Es fordert desweiteren einen mitarbeiterbezogenen Führungsstil, die Einbeziehung der Mitarbeiter und ein offenes Klima. Alles Faktoren, die für die Umsetzung einer kundenorientierten Qualitätspolitik von Wichtigkeit sind. Im Normensystem DIN ISO 9000ff. finden dagegen diese Punkte keine Berücksichtigung. Nur im QM-Element 'Schulung' findet sich ein Hinweis auf die Mitarbeiter. Hier wird gefordert, die Mitarbeiter ausreichend zu qualifizieren. Die DIN ISO 9000ff. schreibt den Umfang der Schulungen nicht vor. Die Unternehmensführung ist aber verpflichtet, sich über eine angemessene Schulung, ihre Planung und Durchführung klar zu werden.
Geht man von der Überlegung aus, daß das Ziel zufriedener Kunden nur über zufriedene Mitarbeiter erreicht werden kann, so läßt sich die Konsequenz der Stellung der Mitarbeiter in diesen Systemen erkennen. Dadurch, daß die Mitarbeiter im TQM stärker miteinbezogen sind, ist ihr Zufriedenheitspotential und damit das Zufriedenheitspotential der Kunden deutlich höher als in den DIN ISO 9000ff. Die Mitarbeiter im TQM sind motivierter, den Kunden zufriedenzustellen.

Zusammengefaßt kann also festgestellt werden, daß das Total Quality Management im Vergleich zum Normensystem DIN ISO 9000ff. in puncto Kundenorientierung und Kundenzufriedenheit weit überlegen ist. Total Quality Management ist ein System, daß in konsequenter Weise am Kunden ausgerichtet ist und eindeutig auf Kundenzufriedenheit abzielt. Dies drückt sich aus durch ein kundenorientiertes Qualitätsverständnis, dem Ziel, höchste Qualität in allen relevanten Bereichen zu erzeugen, kontinuierlich die eigene Arbeit zu verbessern und die Mitarbeiter intensiv miteinzubeziehen.

D Möglichkeiten der Standardisierung der Ermittlung der Kundenzufriedenheit im Rahmen von Qualitätsmanagementsystemen

Die Ermittlung der Kundenzufriedenheit ist unumgänglich, um die Effizienz eines Qualitätsmanagementsystems zu überprüfen. Nur auf diese Weise kann festgestellt werden, ob die Anstrengungen im Rahmen der Qualitätssicherung und des Qualitätsmanagement das Ziel erhöhter Kundenzufriedenheit erreicht haben.
Aus diesem Grund sollen in diesem Teil der Arbeit die Möglichkeiten der Ermittlung der Kundenzufriedenheit im Rahmen von Qualitätsmanagementsystemen diskutiert werden. Hierbei ist es Ziel, einen standardisierten Fragebogen zu entwickeln, der geeignet ist, branchenübergreifend und unternehmensgrößenunabhängig die Kundenzufriedenheit zu ermitteln.

1. Anforderungen an eine Standardisierung der Ermittlung der Kundenzufriedenheit

Ziel ist die Entwicklung eines Konzepts zur standardisierten Ermittlung der Kundenzufriedenheit, das unternehmensgrößen- und branchenunabhängig eingesetzt werden kann. Aus diesem Grund sollen Anforderungen definiert werden, die sicherstellen, daß diese Zielsetzung auch realisiert wird.

❒ *Universelle Gültigkeit*

Für ein Konzept zur standardisierten Ermittlung der Kundenzufriedenheit, das unternehmensgrößen- und branchenunabhängig eingesetzt werden soll, ist es von absoluter Notwendigkeit, daß sowohl das eingesetzte Verfahren zur Erhebung der Kundenzufriedenheit als auch die Dimensionen und die abgefragten Merkmale eine universelle Gültigkeit aufweisen.

Universelle Gültigkeit heißt in diesem Sinne, daß das Verfahren und die Dimensionen und Merkmale sowohl im Sachleistungsbereich als auch im Dienstleistungsbereich geeignet sind, Kundenzufriedenheit zu messen. Das zu entwickelnde Konzept muß so ausgerichtet sein, daß dieses z.B. bei Konsumgüterunternehmen, Industriegüterunternehmen, Banken, Versicherungen und Handelsunternehmen ohne größere Modifikationen eingesetzt werden kann. Desweiteren muß das Konzept ohne größere Modifikationen bei kleineren, mittleren und größeren Unternehmen einsetzbar sein.

Diese universelle Gültigkeit bedeutet also in einem ersten Schritt die Festlegung eines Erhebungsverfahrens zur Ermittlung der Kundenzufriedenheit, daß den oben beschriebenen Ansprüchen gerecht wird. In einem zweiten Schritt bedeutet die universelle Gültigkeit, daß Dimensionen und Merkmale gefunden werden müssen, die unabhängig von der Branche und der Unternehmensgröße die Zufriedenheit der Kunden beeinflussen bzw. hinreichend erklären.

❒ *Hohe Validität und Reliabilität*

Für ein Konzept zur standardisierten Ermittlung der Kundenzufriedenheit ist es im Hinblick auf die universelle Gültigkeit dieses Konzepts von Bedeutung, daß das Verfahren und die Dimensionen und Merkmale eine hohe Reliabilität und Validität aufweisen.
Validität bedeutet in diesem Zusammenhang eine hohe inhaltliche Genauigkeit, d.h. den Grad der Genauigkeit, mit dem ein Test das Merkmal, das er zu messen vorgibt, auch tatsächlich mißt. Es sind also für eine Ermittlung der Kundenzufriedenheit jene Merkmale zu

identifizieren, die auch tatsächlich das Entstehen von Zufriedenheit bzw. Unzufriedenheit maßgeblich beeinflussen.
Die Reliabilität (Verläßlichkeit) bezieht sich auf die formale Genauigkeit. Als Reliabilität bezeichnet man im allgemeinen die Unabhängigkeit eines Resultats von einem einmaligen Meßvorgang bzw. die Reproduzierbarkeit eines Wertes unter den gewählten Versuchsbedingungen. Es geht also um die naheliegende Forderung, daß eine Befragung beim Vorliegen der gleichen realen Situation stets die gleichen Ergebnisse bringt.

2. Festlegung eines Verfahrens zur standardisierten Ermittlung der Kundenzufriedenheit

In diesem Kapitel soll ein Verfahren bestimmt werden, daß für eine standardisierte Ermittlung der Kundenzufriedenheit geeignet ist.

2.1 Vergleichende Analyse der indirekten und direkten Messung der Kundenzufriedenheit

Es ist offensichtlich, daß für ein standardisiertes Verfahren zur Ermittlung der Kundenzufriedenheit nur solche Ansätze zum Einsatz kommen können, die ohne Zuhilfenahme von (objektiven oder subjektiven) Indikatoren einen Rückschluß auf die empfundene Zufriedenheit zulassen. Somit kommen nur die expliziten Verfahren als Grundlage für eine standardisierte Ermittlung der Kundenzufriedenheit in Betracht.

In Teil B, Kapitel 6.2.2 wurden folgende grundsätzlichen Verfahren zur expliziten Messung der Kundenzufriedenheit beschrieben:
- Messung der globalen bzw. generellen Kundenzufriedenheit,
- indirekte Messung der Kundenzufriedenheit,
- direkte Messung der Kundenzufriedenheit.

Bei der Messung der globalen bzw. generellen Kundenzufriedenheit wird darauf verzichtet, die Quellen der Zufriedenheit bzw. Unzufriedenheit zu ermitteln. Im Hinblick auf die Zielsetzung, daß die Messung der Zufriedenheit eine ausreichende Informationsgrundlage für die Gestaltung des Handlungsbedarfs darstellen sollte, erscheint es nicht angebracht, die Messung der globalen bzw. generellen Kundenzufriedenheit als alleiniges Instrument zur Messung heranzuziehen. Dennoch ist die Frage nach der generellen Zufriedenheit ein wichtiges Validierungsinstrument für eine multiattributive Erfassung der Zufriedenheit.

Bei der indirekten und direkten Messung der Kundenzufriedenheit werden die Quellen der Zufriedenheit bzw. Unzufriedenheit identifiziert. Deshalb kommt für ein standardisiertes Verfahren zur Ermittlung der Kundenzufriedenheit nur die indirekte bzw. direkte Messung der Kundenzufriedenheit in Frage. Welches Verfahren sich besser eignet, soll im folgenden diskutiert werden.

2.1.1 Vor- und Nachteile der indirekten Messung

Ein Beispiel für die indirekte Messung der Kundenzufriedenheit ist das SERVQUAL[54]-Modell von Zeithaml/Parasuraman/Berry[55]. Obwohl dieses Konzept explizit zur Messung der Servicequalität entwickelt wurde, kann aufgrund der Methodik ein zufriedenheitsorientiertes Vorgehen festgestellt werden. Darüber hinaus wurde bereits festgestellt, daß Kundenzufriedenheit stark von der Qualität des Service beeinflußt wird.
Innerhalb eines von Zeithaml/Parasuraman/Berry entwickelten standardisierten Fragebogens werden zu jedem Merkmal zwei Aussagen formuliert (Doppelskala). Mit Statements der Art 'so-sollte-es-sein' werden die generellen Erwartungen der Kunden erfragt, während mit Aussagen der Form 'so-ist-es' die erlebte Leistung erhoben wird. Hier werden also wie bei der Erfassung der Zufriedenheit, Erwartungen und Erfahrungen gegenübergestellt. Abbildung 18 zeigt die hier beschriebene Doppelskala anhand eines Beispiels.

Abb. 18 : Die Doppelskala innerhalb von SERVQUAL

	absolut falsch						absolut richtig
Zu hervorragenden Unternehmen gehören modern aussehende Betriebs- und Geschäftsausstattungen	1	2	3	4	5	6	7
Unternehmen X hat modern aussehende Betriebs- und Geschäftsausstattungen	1	2	3	4	5	6	7

Der große Vorteil der indirekten Messung der Kundenzufriedenheit ist in der Generierung zusätzlicher Informationen in Form situationsspezifischer Erwartungen zu sehen. Diesem Vorteil stehen jedoch einige schwerwiegende Nachteile gegenüber.

Ein meßtheoretischer Nachteil dieses Verfahrens besteht darin, daß die Erwartungen an eine unternehmerische Leistung vor dem Kauf und die Erfahrungen nach dem Kauf getrennt voneinander ermittelt werden müßten (ex ante/ex post-Messung), was in der Praxis in den seltensten Fällen möglich und dann mit hohen Kosten verbunden ist. Nur bei Geschäftsbe-

[54] SERVQUAL ist ein Kunstwort, daß sich aus 'service' und 'quality' zusammensetzt.
[55] vgl. Zeithaml, Parasuraman, Berry (1992)

ziehungen, bei denen ein klarer Anfang und ein klares Ende definiert werden kann (z.B. Urlaubsreise), ist ein ex ante/ex post-Messung anwendbar. Aus diesem Grund wird oftmals die Erwartungskomponente nachträglich erhoben. Diese Vorgehensweise beschreiten auch Zeithaml/Parasuraman/Berry. Doch die nachträgliche Erhebung der Erwartungskomponente bringt Nachteile mit sich. Zum einen kann mit hoher Sicherheit davon ausgegangen werden, daß diese Vorgehensweise zu einer Verwirrung der befragten Personen führt. Die Probanden müssen nämlich nachträglich die verschiedenen Aspekte in eine relativ abstrakte Erwartungs- und Wahrnehmungskomponente zerlegen, was an die Urteilsbereitschaft und Urteilsfähigkeit der befragten Kunden sehr hohe Ansprüche stellt. Zum anderen kann die nachträgliche Erhebung der Erwartungen zu starken Verzerrungen führen. Aus diesem Grund muß die nachträgliche Erfassung der Erwartungskomponente aufgrund mangelnder Validität in Frage gestellt werden.[56]

Um dieser Problematik aus dem Weg zu gehen, ist man dazu übergegangen, nicht die Erwartungen und Erfahrungen getrennt zu ermitteln, sondern nur direkt nach dem Erfüllungsgrad von Erwartungen zu fragen (ex-post-Messung). Die direkte Erhebung des Erfüllungsgrads von Erwartungen kann zwar ein Teil der Probleme, die sich aus einer getrennten Erhebung der Erwartungs- und Eindruckskomponente ergeben vermeiden, dennoch ergeben sich auch hier einige Nachteile. Ein wichtiger Nachteil ist darin zu sehen, daß bei einer ex-post-Befragung nach dem Erfüllungsgrad von Erwartungen möglicherweise in der Zwischenzeit veränderte Erwartungen implizit in das Urteil des Befragten einfließen. Der Befragte wird möglicherweise dazu neigen, den tatsächlich in dieser Situation wahrgenommenen Erfüllungsgrad seiner Erwartungen anzugeben, unabhängig davon, was er ursprünglich erwartet hat. Es treten also auch hier Verzerrungen auf, die ebenfalls die Validität der Ergebnisse gefährdet.

Ein weiterer wichtiger Nachteil des Verfahrens zur indirekten Messung der Kundenzufriedenheit wurde bereits in Teil B, Kapitel 6.2.2.1 beschrieben. Die indirekte Messung der Kundenzufriedenheit anhand der Messung von Erfüllungsgraden mißt nicht den Grad der Zufriedenheit, sondern den Grad der Bestätigung bzw. Nicht-Bestätigung von Erwartungen. Nicht erfüllte Erwartungen führen zwar zu einer Nicht-Bestätigung, müssen jedoch nicht direkt zu Unzufriedenheit oder progressiver Zufriedenheit führen.

[56] vgl. Hentschel (1992), S. 140

Abb. 19 : Vor- und Nachteile der indirekten Messung der Kundenzufriedenheit

Vorteile	**Nachteile**
❒ Generierung zusätzlicher Informationen in Form situationsspezifischer Erwartungen	❒ hohe Kosten bei getrennter Ermittlung von Erwartungen und Erfahrungen ❒ bei nachträglicher Erhebung der Erwartungskomponente: - Verwirrung der befragten Personen - Verzerrungen hinsichtlich der Ergebnisse ❒ bei Erhebung des Erfüllungsgrades - Verzerrungen hinsichtlich der Ergebnisse ❒ Messung des Grads der Bestätigung bzw. Nicht-Bestätigung und nicht des Grads der Zufriedenheit

2.1.2 Vor- und Nachteile der direkten Messung

Die Vorteile der direkten Messung anhand von Zufriedenheitsskalen liegen auf der Hand. Es ist das einzige Verfahren, daß direkt die Zufriedenheit ermittelt und nicht z.B. über das Ausmaß der Bestätigung von Erwartungen ermittelt wird. Desweiteren kann als Vorteil festgestellt werden, daß die Ermittlung anhand von Zufriedenheitsskalen für die Probanden einfach und mit geringem Aufwand verbunden ist. Der Proband muß nur angeben, inwieweit er mit einzelnen Leistungen des Unternehmens zufrieden bzw. unzufrieden ist.

Wird neben der Zufriedenheit zu jedem Merkmal die Wichtigkeit des Merkmals erhoben, so ergeben sich hierdurch zusätzliche Vorteile in bezug auf die Auswertungsmöglichkeiten und die Interpretation. Bei der Einführung von Gewichtungsfaktoren ergeben sich jedoch zwei Nachteile: Zum ersten tendieren die Probanden dazu, alle Attribute als 'wichtig' einzustufen, und zum zweiten steigt der Befragungsaufwand für die Probanden. Diese Nachteile können jedoch größtenteils umgangen werden. Der erste Nachteil kann dadurch ausgeglichen werden, daß eine Konstantsummenskala eingeführt wird. So haben z.B. Lingenfelder/Schneider in ihrer Untersuchung zur Ermittlung der Zufriedenheit von Werkstattkunden die Probanden aufgefordert, zwanzig Punkte gemäß ihrer individuellen Wichtigkeit auf zehn verschiedene Leistungsdimensionen zu verteilen.[57]

Der zweite Nachteil, der erhöhte Befragungsaufwand, läßt sich dadurch beheben, in dem die Gewichtung der einzelnen Merkmale nur gelegentlich (oder getrennt) erhoben wird.

---

[57] vgl. Lingenfelder, Schneider (1991), S. 32

Abb. 20 : Vor- und Nachteile der direkten Messung der Kundenzufriedenheit

Vorteile	**Nachteile**
❒ direkte Messung des Ausmaßes der Zufriedenheit ❒ geringer Aufwand für Probanden ❒ einfacher für Probanden ❒ bei Gewichtung: - einzelne Merkmale gehen mit unterschiedlicher Gewichtung in die Gesamtzufriedenheit ein	❒ geringerer Umfang der generierten Informationen ❒ bei Gewichtung - Probanden tendieren dazu, alle Attribute als 'wichtig' einzustufen; Lösung: Konstantsummenskala - hoher Befragungsaufwand; Lösung: Bedeutungskomponente nur gelegentlich oder getrennt erheben

2.2 Zusammenfassung

Aufgrund der Nachteile der indirekten Messung und den vielfältigen Vorteile der direkten Messung der Kundenzufriedenheit soll für ein standardisiertes Verfahren zur Ermittlung der Kundenzufriedenheit die direkte Messung angewendet werden.

Da die Einführung von Gewichtungsfaktoren die Aussagefähigkeit wesentlich erhöht, soll desweiteren auch die Bedeutung der einzelnen Merkmale von den Probanden benannt werden.

Deshalb soll im Rahmen eines standardisierten Verfahrens zur Ermittlung der Kundenzufriedenheit die Gewichtung der einzelnen Merkmale direkt abgefragt werden. Die hiermit verbundenen Nachteile müssen aufgrund den vielfältigen Nachteilen einer Konstantsummenskala eingegangen werden.

Da die Frage nach der generellen Zufriedenheit ein wichtiges Validierungsinstrument für eine multiattributive Erfassung der Zufriedenheit ist, sollte auch hier die Frage nach der generellen Zufriedenheit eines Kunden nicht fehlen.

Zusammengefaßt kann also das Verfahren zur Standardisierung der Ermittlung der Kundenzufriedenheit wie folgt beschrieben werden:

❒ Messung der Wichtigkeit der einzelnen Merkmale,
❒ direkte Messung der Zufriedenheit mit jedem Merkmal,
❒ direkte Messung der globalen bzw. generellen Zufriedenheit.

3. Festlegung der Dimensionen und Merkmale

Es sollen Merkmale ermittelt werden, die geeignet sind, die Kundenzufriedenheit hinreichend zu erklären. Wichtig hierbei ist, daß die Merkmale geeignet sind, die Zufriedenheit der Kunden unabhängig von der jeweiligen Branche erklären.

Die Art und Weise der Erbringung von Serviceleistungen ist in jeder Branche ähnlich. So ist z.B. die Art und Weise der Beratung eines Kunden einer Bank ähnlich mit der Beratung eines Kunden einer Kfz-Werkstatt oder eines Modefachgeschäfts.

3.1 Herleitung der Dimensionen

Im wesentlichen sind die Serviceleistungen und die Art und Weise wie die Serviceleistungen erbracht werden, für die Zufriedenheit bzw. Unzufriedenheit der Kunden verantwortlich.
Wenn also an dieser Stelle Dimensionen identifiziert werden sollen, die in einem hinreichenden Umfang Kundenzufriedenheit erklären, so muß man sich auf Dimensionen konzentrieren, die im überwiegenden Maße Serviceleistungen und die Art und Weise der Erbringung von Serviceleistungen erfassen.

Ein branchenübergreifendes Modell zur Messung der Qualität des Service beschreiben Zeithaml/Parasuraman/Berry in ihrem, hier bereits erwähnten, SERVQUAL-Modell.[58]
Das von ihnen entwickelte SERVQUAL-Konzept konzentriert sich auf die Erfassung der Diskrepanz zwischen der vom Kunden erwarteten Leistung und der tatsächlich erlebten Leistung, somit auf die wahrgenommene Qualität. Die theoretische Fundierung von SERVQUAL ist vor dem Hintergrund des sog. GAP-Modells zu sehen, das in Abbildung 21 dargestellt ist.

Zeithaml/Parasuraman/Berry haben aufgrund zahlreicher Fokusgruppengesprächen, die sie jeweils mit Kunden einer Dienstleistungsbranche durchführten, festgestellt, daß unabhängig von der jeweiligen Branche, die Kunden für die Beurteilung der Servicequalität eines Unternehmens Kriterien angaben, die auf gleichen, für Servicequalität allgemeingültigen Kriterien beruhen. Insgesamt zehn Dimensionen haben Zeithaml/Parasuraman/Berry ermittelt. Diesen Dimensionen haben sie insgesamt 97 Items zugeordnet. Zur Reduzierung und Überprüfung der Dimensionen und Items haben sie diverse empirische Untersuchungen durchgeführt. Mit Hilfe unterschiedlicher statistischer Verfahren konnte die Zahl der Dimensionen auf fünf und die Zahl der Items auf 22 reduziert werden.

---

[58] vgl. Zeithaml, Parasuraman, Berry (1992)

Abb. 21 : Das GAP-Modell von SERVQUAL[59]

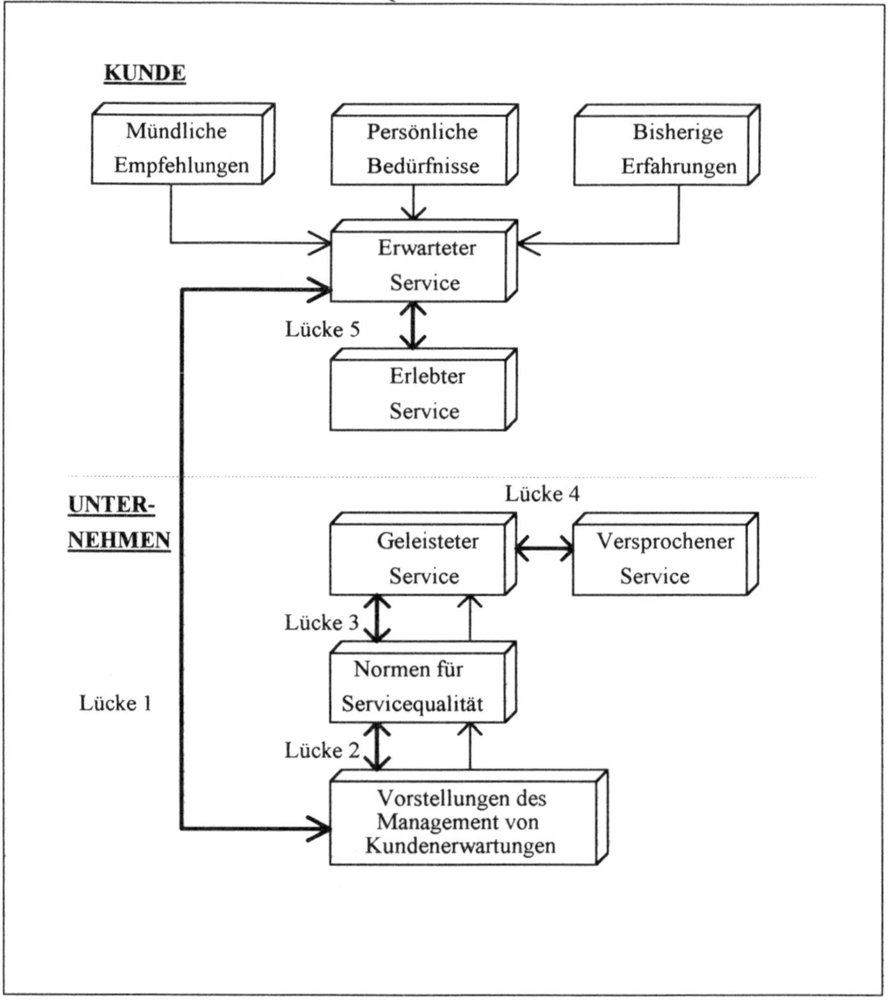

So beeinflußt das Erscheinungsbild von Einrichtungen und Ausrüstungen sowie des Personal und der gedruckten Kommunikationsmittel (Materielles) ebenso die Entstehung von Kundenzufriedenheit wie die Fähigkeit, eine versprochene Leistung verläßlich und präzise auszuführen (Zuverlässigkeit) oder die Bereitschaft, Kunden zu helfen und sie prompt zu bedienen (Entgegenkommen). Das Fachwissen und ein zuvorkommendes Verhalten der Angestellten sowie deren Fähigkeit, Vertrauen zu erwecken (Souveränität) und eine fürsorgliche Aufmerksamkeit des Unternehmens für jeden einzelnen Kunden (Einfühlung) sind desweiteren als maßgebliche Faktoren für die Entstehung von

59 vgl. Schmetzstorff (1995), S.21

Kundenzufriedenheit zu nennen. Oder anders ausgedrückt: **Erscheinen Sie sauber und gut organisiert, reagieren Sie flexibel und flößen Sie Vertrauen ein. Zeigen Sie Verständnis für die Bedürfnisse des Kunden und seien sie vor allem zuverlässig - tun Sie das, was zu tun Sie versprochen haben**.

Abb. 22 : Die Dimensionen des SERVQUAL-Konzepts[60]

Dimensionen	**Definitionen**
Materielles	Erscheinungsbild von Einrichtungen und Ausrüstungen sowie des Personal und der gedruckten Kommunikationsmittel
Zuverlässigkeit	Fähigkeit, die versprochene Leistung verläßlich und präzise auszuführen
Entgegenkommen	Bereitschaft, Kunden zu helfen und sie prompt zu bedienen
Souveränität	Fachwissen und zuvorkommendes Verhalten der Angestellten sowie deren Fähigkeit, Vertrauen zu erwecken; beinhaltet *Kompetenz* Beherrschung des notwendigen beruflichen Könnens und Fachwissens zur Ausführung der Leistung *Zuvorkommenheit* Höflichkeit und Freundlichkeit des Kontaktpersonals *Vertrauenswürdigkeit* Glaubwürdigkeit und Ehrlichkeit des Unternehmens *Sicherheit* Kunden nicht Zweifeln oder Eindrücken von Gefahren oder Risiken überlassen
Einfühlung	Fürsorgliche Aufmerksamkeit des Unternehmens für jeden einzelnen Kunden; beinhaltet *Erreichbarkeit* Leichter Zugang zu Ansprechpartnern *Kommunikation* Dem Kunden zuhören und sie in einer für Laien verständlichen Sprache informiert halten *Kundenverständnis* Sich die Mühe machen, die Kunden und ihre Bedürfnisse kennenzulernen

Bei ihren Untersuchungen haben Zeithaml/Parasuraman/Berry auch die relative Bedeutung dieser Dimensionen ermittelt. Hierbei fand man heraus, daß der Dimension **Zuverlässigkeit** mit Abstand die stärkste Bedeutung zugemessen wurde. Diesem Ergebnis kann man intuitiv

[60] vgl. Zeithaml, Parasuraman, Berry (1992), S. 34-36, 40

zustimmen: Kunden wollen, daß Bankautomaten in Betrieb sind, sie erwarten, daß Waren zum zugesagten Zeitpunkt und nicht einige Stunden später geliefert werden, daß die Flugzeuge, mit denen sie reisen pünktlich starten und landen. Daß Kunden derart auf Zuverlässigkeit pochen, beruht einfach auf ihren bisherigen schlechten Erfahrungen mit der Zuverlässigkeit von Unternehmen.

Der besondere Vorteil des SERVQUAL-Konzepts besteht darin, daß es empirisch abgesichert ist. Insbesondere konnte empirisch festgestellt werden, daß die oben beschriebenen Dimensionen eine gute Reproduzierbarkeit bzw. Retest-Reliabilität aufweisen. Desweiteren konnte festgestellt werden, daß die Faktorenstruktur relativ robust ist. Hinsichtlich der Validität der Dimensionen kann aufgrund der Vorgehensweise von Zeithaml/Parasuraman/Berry festgehalten werden, daß die oben beschriebenen Dimensionen eine präzise Wiedergabe der Kernkriterien darstellen, nach denen Kunden die Servicequalität beurteilen.

Obwohl das Erfassungsverfahren (indirekte Messung) des SERVQUAL-Konzepts hier abgelehnt wurde (vgl. Teil D, Kapitel 2.1.1), soll aufgrund der hohen Reliabilität und Validität und der guten empirischen Absicherung der Dimensionen des SERVQUAL-Konzepts diese Dimensionen als Grundlage weiterer Überlegungen gelten.

3.2 Herleitung der Merkmale

Es gilt Merkmale zu finden, die eindeutig den verschiedenen Dimensionen zugeordnet werden können und darüber hinaus für die Entstehung von Kundenzufriedenheit relevant sind, also eine hohe Validität aufweisen.

Da hier bereits die von Zeithaml/Parasuraman/Berry ermittelten Dimensionen als geeignet angesehen werden, die Entstehung von Kundenzufriedenheit ausreichend zu erklären, sollen im folgenden die von ihnen ermittelten Merkmale näher untersucht werden.

Abb. 23 : Die Merkmale des SERVQUAL-Konzepts[61]

Dimensionen	**Merkmale**
Materielles	❒ modern aussehende Betriebs- und Geschäftsausstattung ❒ angenehm ins Auge fallende Einrichtungen ❒ adrett gekleidete Arbeitnehmer ❒ gute Gestaltung der Broschüren und sonstigen Mitteilungen
Zuverlässigkeit	❒ Versprechen, etwas zu einem bestimmten Termin zu erledigen ❒ aufrichtiges Interesse, ein Kundenproblem zu lösen ❒ etwas gleich beim ersten Mal richtig auszuführen ❒ etwas zu einem versprochenen Termin zu leisten ❒ irrtumsfreie Belege
Entgegenkommen	❒ Hinweis, wann eine Leistung geleistet wird ❒ prompte Bedienung ❒ Hilfsbereitschaft der Mitarbeiter ❒ Erfüllung von Wünschen
Souveränität	❒ vertrauensvolle Mitarbeiter ❒ Sicherheit ❒ Höflichkeit der Mitarbeiter ❒ Fachwissen
Einfühlung	❒ individuelle Aufmerksamkeit ❒ kundenfreundliche Öffnungszeiten ❒ aufrichtiges Interesse an Kundenproblemen ❒ Verständnis für Kundenbedürfnisse ❒ persönliche Widmung

Die ursprünglich vorhandenen 97 Items konnten Zeithaml/Parasuraman/Berry mit Hilfe diverser statistischer Methoden ohne größeren Informationsverlust auf die hier dargestellten 22 Merkmale reduzieren. Betrachtet man diese Merkmale näher, so erkennt man sehr schnell, daß diese Merkmale durchaus den größten Teil der Aspekte abbilden, die für die Erbringung von Serviceleistungen und der Art und Weise, wie diese Serviceleistungen erbracht werden relevant sind. Diese Feststellung wird dadurch gestützt, daß neben den oben beschriebenen Dimensionen auch die hier dargestellten Merkmale als empirisch abgesichert angesehen werden können.

Den hier dargestellten Merkmalen kann somit eine hohe Validität bescheinigt werden. Aus diesem Grund sollen diese Merkmale zur Ermittlung der Kundenzufriedenheit verwendet werden.

[61] vgl. Zeithaml, Parasuraman, Berry (1992), S. 202-204

4. Entwicklung eines Fragebogens

Nachdem nun die Dimensionen und Merkmale ermittelt worden sind, die die Entstehung von Kundenzufriedenheit maßgeblich beeinflussen, gilt es nun an dieser Stelle auf Grundlage dieser Erkenntnisse einen Fragebogen zu entwickeln, der ohne größere Modifikationen branchenunabhängig und unternehmensgrößenunabhängig zur Ermittlung der Kundenzufriedenheit eingesetzt werden kann.

4.1 Grundsätzliche Anforderungen an die Frageformulierung, den Fragebogenaufbau und die Skalierung

Bei der wichtigsten Methode der Informationsbeschaffung in der Marktforschung, der Befragung und insbesondere dem hierbei verwendeten Fragebogen, gilt es die allgemeinen Probleme und Anforderungen bei der Frageformulierung, den Fragebogenaufbau und der Skalierung zu beachten.

Bei der Formulierung der Fragen sind vor allem folgende allgemeine Grundsätze zu beachten:

- *Einfachheit*

  Jede Frage muß so formuliert werden, daß sie für alle Befragten voll verständlich ist. Es ist also eine möglichst kurze, grammatikalisch einfache und dem Wortschatz der Alltagssprache angepaßte Frageformulierung zu suchen.

- *Neutralität*

  Bei der Formulierung der Fragen ist darauf zu achten, daß die Fragen neutral, also ohne Wertungen formuliert werden. Hier ist vor allem an die Auswirkungen suggestiver Formulierungen, an im Hinblick auf zustimmende und ablehnende Meinungen ungleichgewichtige Antwortvorgaben und an die Bindung einzelner Antwortmöglichkeiten an Wertvorstellungen zu denken. In derartigen Fällen werden der Auskunftspersonen abweichend von deren eigentlichen Meinungen, Einstellungen, Zufriedenheitsurteilen etc., die ja ermittelt werden sollen, eine oder mehrere Antwortkategorien nahegelegt. Die Gefahr der Verzerrung der Ergebnisse durch diese Einflüsse ist dann besonders groß, wenn Sachverhalte erfragt werden, zu denen sich der Befragte erst im Augenblick der Befragung eine Meinung bildet.

- *Präzision*

  Die entscheidende Voraussetzung für präzise Ergebnisse ist eine eindeutige Frageformulierung, d.h. daß jede Frage von allen Auskunftspersonen einheitlich im Sinne des

Untersuchungszieles verstanden wird. Für den Präzisionsgrad einer Frage ist weiterhin das Meßniveau, mit dem operiert wird, von großer Bedeutung.

Neben der Frageformulierung haben die Probleme der Fragenreihenfolge, der Gliederung und der formalen Gestaltung des Fragebogens häufig eine gleichrangige Stellung.
In der Praxis hat es sich bewährt, den Fragebogen mit einigen leicht zu beantwortenden, das Interesse der Auskunftspersonen weckenden Fragen einzuleiten ('Eisbrecherfragen'). Damit soll die Atmosphäre des Interviews zunächst etwas gelockert und die Aufgeschlossenheit des Befragten vergrößert werden. Den Hauptteil des Fragebogens bilden daran anschließend die Sachfragen. Den Abschluß des Fragebogens bildet in der Regel die Feststellung der Strukturmerkmale. In der Regel sind das hauptsächlich sozio-demographische Merkmale (Alter, Geschlecht etc.). Die Stellung dieses Komplexes am Ende des Fragebogens bietet sich an, da diese Fragen leicht und schnell zu beantworten sind und auch nach einem langen Interview gestellt werden können.

Im Hinblick auf die Reihenfolge der Fragen muß hier jedoch angemerkt werden, daß die dabei angesprochenen Überlegungen bei schriftlichen Befragungen höchstens teilweise von Bedeutung sind, da in diesem Fall der Befragte die Möglichkeit hat, sich vor der Beantwortung erst einen Gesamtüberblick zu verschaffen, die meist auch genutzt wird.

Wie bereits festgehalten, ist für den Präzisionsgrad einer Frage das eingesetzte Meßniveau von Bedeutung. In der Marktforschung werden im allgemeinen vier Meßniveaus unterschieden: die Nominalskala, die Ordinalskala, die Intervallskala und die Verhältnisskala. Von diesen Skalenformen kommt in der Marktforschungspraxis überwiegend die Intervallskala zur Anwendung. Diese Skala ist dadurch charakterisiert, daß die Abstände zwischen allen einzelnen Skaleneinheiten berechenbar sind.

Im Rahmen der Messungen von subjektiven Sachverhalten, wie z.B. auch der Zufriedenheit, die eine Transformation der qualitativen Sachverhalte in quantitative Größen erfordern, finden häufig sog. Rating-Skalen Anwendung. Die befragten Personen haben dem Untersuchungsobjekt auf einer vorgegebenen Antwortskala einen Meßwert zuzuordnen. Bei diesen Rating-Skalen handelt es sich von der Grundstruktur zunächst nur um Ordinalskalen, deren Rangplätze meist verbal bestimmt und differenziert werden. Dennoch kann davon ausgegangen werden, daß die Abstände zwischen den Rangplätzen als konstant betrachtet werden. Somit erfüllen diese Rating-Skalen damit die mathematischen Voraussetzungen von Intervallskalen und erlauben den Einsatz entsprechender statistischer Operationen.

Für die Erfassung der Wichtigkeit und Zufriedenheit soll hier die Rating-Skala verwendet werden. Hierbei soll die Skala wie eine numerische Skala aufgebaut sein. Bei der numerischen Skala werden die verschiedenen Skalenstufen nur mit Hilfe von Zahlen bezeichnet, wobei die Pole der Skala generell verbal benannt werden müssen. Die entscheidende Frage liegt hierbei in der Anzahl der notwendigen Skaleneinheiten. In der Marktforschungspraxis haben sich überwiegend die 4er-, 6er- und 7er-Skala durchgesetzt. Aus diesem Grund soll bei der Ermittlung der Kundenzufriedenheit die 7er-Skala eingesetzt werden, wobei die einzelnen Skalenstufen mit -3 bis +3 bezeichnet werden sollten. Hierdurch werden die beiden Pole stärker herausgestellt und den befragten Personen wird die Differenzierung ihres Urteils erleichtert. Die beiden Pole, also -3 und +3, sollten die Bezeichnungen 'absolut unzufrieden' ('absolut unwichtig') und 'absolut zufrieden' ('absolut wichtig') erhalten.

4.2 Formulierung eines Fragebogens

Zu Beginn enthält der Fragebogen einleitende Sätze, die die Auskunftsperson über Inhalt und Sinn der Befragung informiert und die Auskunftsperson motiviert, den Fragebogen gewissenhaft auszufüllen. Desweiteren enthält diese Einleitung einen Hinweis über die voraussichtliche Dauer für die Beantwortung der Fragen und den Hinweis, daß alle Angaben vertraulich behandelt werden.

Direkt im Anschluß daran folgen die Fragen zur Zufriedenheit der Auskunftsperson, wobei hier im ersten Teil nach der Wichtigkeit und der Zufriedenheit der einzelnen Merkmale und im zweiten Teil nach der Gesamtzufriedenheit gefragt wird.

Der erste Teil enthält also die 22 Merkmale, die in Teil D, Kapitel 3.2 ermittelt worden sind. Sie wurden so formuliert, daß den Grundsätzen der Einfachheit, Verständlichkeit und Neutralität entsprochen wurde. Zu jedem Merkmal wird zuerst die Wichtigkeit des Merkmals abgefragt. Hier wird eine numerische 7er-Skala eingesetzt, die von -3 (absolut unwichtig) bis +3 (absolut wichtig) reicht. Unmittelbar daran wird nach der Zufriedenheit mit diesem Merkmal gefragt. Auch hier wird eine numerische 7er-Skala eingesetzt, die wiederum von -3 (absolut unzufrieden) bis +3 (absolut zufrieden) reicht.

Im zweiten Teil wird die Auskunftsperson nach der Gesamtzufriedenheit gefragt. Die eingesetzte numerische 7er-Skala reicht auch hier von -3 (absolut unzufrieden) bis +3 (absolut zufrieden).

Nach den Fragen zur Zufriedenheit folgen Fragen zur Person des Befragten. Es wird nach dem Geschlecht, dem Alter und dem derzeitigen beruflichen Stand der Auskunftsperson gefragt. Im Einzelfall können die Fragen zur Person noch ergänzt werden (z.B. Haushaltsgröße, Einkommen).

Bei der Gestaltung des Fragebogens wurde darauf geachtet, daß dieser übersichtlich ist und für die Probanden leicht und schnell auszufüllen ist. Beim Druck des Fragebogens sollte farbiges Papier verwendet werden, da diese Farbigkeit das Interesse des Probanden erhöht.

Der so formulierte und gestaltete Fragebogen benötigt einen Platzbedarf von zwei DIN-A4-Seiten und kann somit auf ein Blatt Papier der Größe DIN A4 gedruckt werden (beidseitig).

4.3 Überprüfung und Modifikation des Fragebogens aufgrund eines Pre-Tests

Anfang Dezember 1995 wurde ein Pre-Test hinsichtlich des entwickelten Fragebogens durchgeführt. Insgesamt 16 zufällig ausgewählten Personen wurde der Fragebogen vorgelegt. Die Probanden wurden aufgefordert, ein Unternehmen aus ihrer unmittelbaren Umgebung hinsichtlich ihrer Zufriedenheit zu bewerten. Aufgrund der Zielsetzung dieser Arbeit, ein branchenübergreifendes Konzept zur Ermittlung der Kundenzufriedenheit zu erstellen, wurden verschiedene Branchen bewertet (z.B. Groß- und Einzelhandelsunternehmen, Banken, Ärzte). Die Auskunftspersonen wurden ermutigt, Unklarheiten und Zweifel schriftlich und mündlich anzumerken.

Der überwiegende Teil der Probanden ist mit dem vorgelegten Fragebogen sehr gut zu recht gekommen. Die Gestaltung und der Aufbau wurden positiv bewertet. Desweiteren konnte festgestellt werden, daß der vorliegende Fragebogen geeignet ist, die Zufriedenheit der Kunden von Unternehmen unterschiedlicher Branchen zu ermitteln. Hinsichtlich dem Verständnis sind einige Probleme aufgetaucht. Bemängelt wurde z.B. einige subjektiv empfundene Überschneidungen zwischen den Merkmalen. Verursacht wurden diese Empfindungen i.d.R. durch sprachliche Ungenauigkeiten. Desweiteren war einigen Probanden die Unterscheidung von Wichtigkeit und Zufriedenheit zu einem Merkmal nicht eindeutig genug. Sie haben Wichtigkeit und Zufriedenheit verwechselt bzw. die Wichtigkeit auf das zu bewertende Unternehmen bezogen und nicht auf die Branche bzw. vergleichbare Unternehmen.

Desweiteren wurde durch den Pre-Test festgestellt, daß die in Teil B, Kapitel 6.2.2.2 und Teil D, Kapitel 2.2 bereits beschriebene Gefahr der Inflation bei der Bewertung der Gewichtung der einzelnen Merkmale tatsächlich eingetreten ist. Viele Testpersonen haben ausgesagt, daß sie fast alle Merkmale als wichtig einstufen und haben deshalb die meisten Merkmale mit einer Wichtigkeit von +1 bis +3 bedacht. Da jedoch der Einsatz der Konstantsummenskala aufgrund der hier bereits genannten Nachteile nicht eingesetzt werden kann, aber andererseits die Frage nach der Wichtigkeit der einzelnen Merkmale die Aussagefähigkeit der Untersuchung erhöht, soll weiterhin die Wichtigkeit der einzelnen Merkmale erfaßt werden.

Mit Ausnahme der letztgenannten Erkenntnis waren alle anderen Ergebnisse des Pre-Tests Grundlage einer gründlichen Überarbeitung des Fragebogens. Der modifizierte Fragebogen ist aus Abbildung 24 ersichtlich. Dieser Fragebogen ist auch derjenige, der im folgenden zur standardisierten Ermittlung der Kundenzufriedenheit eingesetzt werden sollte.

Abb. 24 : Fragebogen zur Ermittlung der Kundenzufriedenheit

Wir wollen uns verbessern, damit Sie zufriedener mit uns sind !!!

Wir sind nicht fehlerfrei. Deshalb wollen wir von Ihnen wissen, was für Sie wichtig ist, und mit was Sie zufrieden oder unzufrieden sind. Wir bitten Sie deshalb, die folgenden Fragen zu beantworten. Zum Ausfüllen dieses Fragebogens werden sie weniger als fünf Minuten benötigen. Natürlich werden alle Angaben streng vertraulich behandelt.

PUNKT A

Bitte geben Sie die Wichtigkeit (absolut unwichtig bis absolut wichtig) an, die die folgenden Kriterien für Sie in der __________-Branche haben. Anschließend bewerten sie bitte Ihre Zufriedenheit (absolut unzufrieden bis absolut zufrieden) mit uns in Bezug auf diese Kriterien.

	Wichtigkeit in der __________-Branche							**Zufriedenheit** mit _______________						
	absolut unwichtig						absolut wichtig	absolut unzufrieden						absolut zufrieden
	-3	-2	-1	0	1	2	3	-3	-2	-1	0	1	2	3
1. moderne technische Ausrüstung	☐	☐	☐	☐	☐	☐	☐	☐	☐	☐	☐	☐	☐	☐
2. Gestaltung der Geschäftsräume	☐	☐	☐	☐	☐	☐	☐	☐	☐	☐	☐	☐	☐	☐
3. Kleidung des Personals	☐	☐	☐	☐	☐	☐	☐	☐	☐	☐	☐	☐	☐	☐
4. Gestaltung von Broschüren	☐	☐	☐	☐	☐	☐	☐	☐	☐	☐	☐	☐	☐	☐
5. Einhalten von Versprechen	☐	☐	☐	☐	☐	☐	☐	☐	☐	☐	☐	☐	☐	☐
6. ernstes Interesse, Kundenprobleme zu lösen	☐	☐	☐	☐	☐	☐	☐	☐	☐	☐	☐	☐	☐	☐
7. Fähigkeit, etwas gleich beim ersten Mal richtig zu erledigen	☐	☐	☐	☐	☐	☐	☐	☐	☐	☐	☐	☐	☐	☐
8. Einhaltung von Terminen	☐	☐	☐	☐	☐	☐	☐	☐	☐	☐	☐	☐	☐	☐
9. verständliche und fehlerfreie Abrechnungen (z.B. Rechnungen)	☐	☐	☐	☐	☐	☐	☐	☐	☐	☐	☐	☐	☐	☐
10. genaue Auskünfte, wann eine Leistung erbracht wird	☐	☐	☐	☐	☐	☐	☐	☐	☐	☐	☐	☐	☐	☐
11. geringe Wartezeiten	☐	☐	☐	☐	☐	☐	☐	☐	☐	☐	☐	☐	☐	☐
12. Hilfsbereitschaft des Personals	☐	☐	☐	☐	☐	☐	☐	☐	☐	☐	☐	☐	☐	☐
13. unmittelbare Erfüllung von Wünschen	☐	☐	☐	☐	☐	☐	☐	☐	☐	☐	☐	☐	☐	☐
14. vertrauenerweckendes Personal	☐	☐	☐	☐	☐	☐	☐	☐	☐	☐	☐	☐	☐	☐
15. Atmosphäre bei Umgang mit Personal	☐	☐	☐	☐	☐	☐	☐	☐	☐	☐	☐	☐	☐	☐

BITTE WENDEN !

Abb. 24 : Fragebogen zur Ermittlung der Kundenzufriedenheit (Fortsetzung)

	Wichtigkeit in der ________-Branche	**Zufriedenheit** mit ____________
	absolut unwichtig … absolut wichtig	absolut unzufrieden … absolut zufrieden
	-3 -2 -1 0 1 2 3	-3 -2 -1 0 1 2 3
16. Höflichkeit der Mitarbeiter	☐ ☐ ☐ ☐ ☐ ☐ ☐	☐ ☐ ☐ ☐ ☐ ☐ ☐
17. Fachwissen des Personals	☐ ☐ ☐ ☐ ☐ ☐ ☐	☐ ☐ ☐ ☐ ☐ ☐ ☐
18. Aufmerksamkeit des Personals	☐ ☐ ☐ ☐ ☐ ☐ ☐	☐ ☐ ☐ ☐ ☐ ☐ ☐
19. Öffnungszeiten	☐ ☐ ☐ ☐ ☐ ☐ ☐	☐ ☐ ☐ ☐ ☐ ☐ ☐
20. Interesse an Kundenproblemen	☐ ☐ ☐ ☐ ☐ ☐ ☐	☐ ☐ ☐ ☐ ☐ ☐ ☐
21. Kenntnis der Bedürfnisse der Kunden	☐ ☐ ☐ ☐ ☐ ☐ ☐	☐ ☐ ☐ ☐ ☐ ☐ ☐
22. persönlicher Einsatz des Personals für den Kunden	☐ ☐ ☐ ☐ ☐ ☐ ☐	☐ ☐ ☐ ☐ ☐ ☐ ☐

PUNKT B

Bitte bewerten Sie nun Ihre gesamte Zufriedenheit mit unserem Unternehmen.

	absolut unzufrieden … absolut zufrieden
	-3 -2 -1 0 1 2 3
Insgesamt bin ich mit ________	☐ ☐ ☐ ☐ ☐ ☐ ☐

PUNKT C

Zum Schluß bitten wir Sie, einige Angaben zu Ihrer Person zu machen.

1. Ihr Geschlecht	weiblich	☐	männlich	☐
2. Ihr Alter	bis 14 Jahre	☐	40 Jahre bis 49 Jahre	☐
	14 Jahre bis 19 Jahre	☐	50 Jahre bis 59 Jahre	☐
	20 Jahre bis 29 Jahre	☐	60 Jahre bis 69 Jahre	☐
	30 Jahre bis 39 Jahre	☐	70 Jahre und älter	☐
3. Ihr derzeitiger beruflicher Stand	Arbeiter	☐	z.Z. arbeitslos	☐
	Angestellter	☐	Hausfrau/-mann	☐
	Beamter	☐	Rentner	☐
	Selbständiger	☐	Sonstiges	☐
	Student/Schüler	☐		

Sie haben es geschafft! Wir bedanken uns für Ihre Mühen und werden uns Ihre Kritik zu Herzen nehmen.

5. Die Durchführung einer standardisierten Ermittlung der Kundenzufriedenheit

Nachdem nun ein Fragebogen zur Ermittlung der Kundenzufriedenheit entwickelt wurde, gilt es nun zu klären, wie mit Hilfe dieses Fragebogens eine Ermittlung der Zufriedenheit der Kunden eines Unternehmens durchgeführt werden kann.

Der Ablauf eines Marktforschungsprojekts, auch die Ermittlung der Kundenzufriedenheit, läßt sich im wesentlichen in drei große Phasen unterteilen: die Problemdefinitions- bzw. Designphase, die Informationsgewinnungsphase und die Informationsverarbeitungsphase.[62]

Abb. 25 : Die Phasen des Marktforschungsprozesses

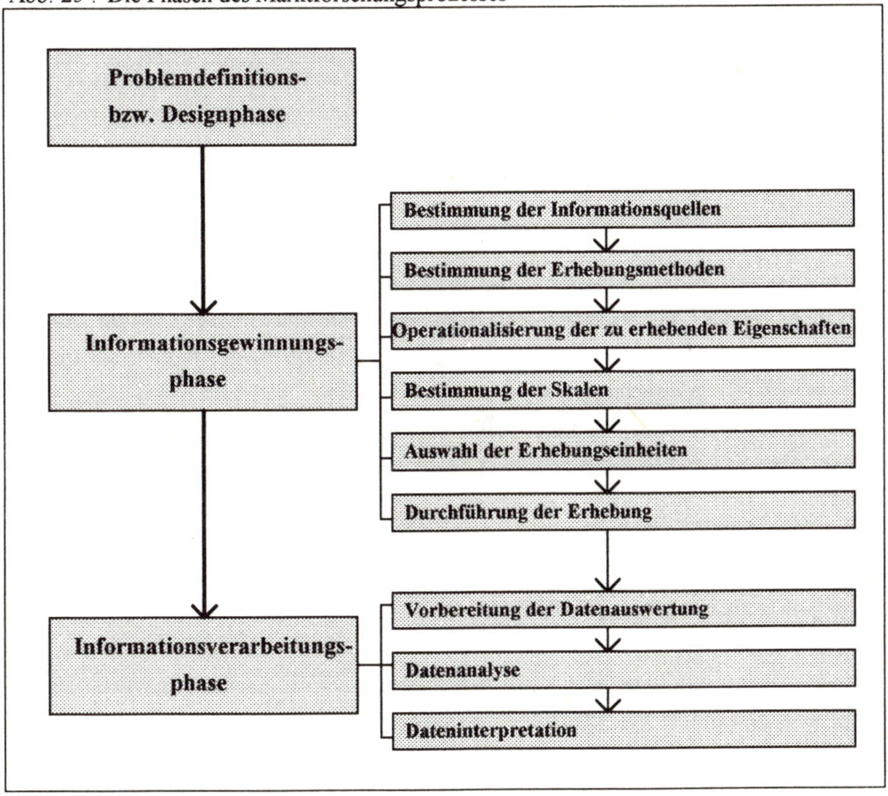

[62] vgl. zu den Phasen eines Marktforschungsprozesses u.a. Böhler (1985), S. 23f.; Meffert (1992), S. 179

In der Problemdefinitions- bzw. Designphase ist zunächst zu definieren, worin das Entscheidungs- bzw. Marketingproblem besteht. Die Phase der Informationsgewinnung umfaßt die Bestimmung der Informationsquellen, die Bestimmung der Erhebungsmethoden, die Operationalisierung der zu erhebenden Eigenschaften, die Bestimmung der Skalen, die Auswahl der Erhebungseinheiten und die Durchführung der Erhebung. Die Phase der Informationsverarbeitung besteht aus der Vorbereitung der Datenauswertung, der Datenanalyse und der Dateninterpretation. Abbildung 25 zeigt die Phasen des Marktforschungsprozesses nochmals auf.

Auf eine Darstellung der Problemdefinitions- und Designphase kann hier verzichtet werden, da bei einer Ermittlung der Kundenzufriedenheit das Problem bereits erkannt und definiert ist. Im folgenden soll im wesentlichen auf Einzelheiten der Informationsgewinnungs- und Informationsverarbeitungsphase eingegangen werden.

5.1 Die Informationsgewinnung

Wie bereits beschrieben, besteht die Phase der Informationsgewinnung aus der Bestimmung der Informationsquellen, der Bestimmung der Erhebungsmethoden, der Operationalisierung der zu erhebenden Eigenschaften, der Bestimmung der Skalen, der Auswahl der Erhebungseinheiten und der Durchführung der Erhebung. Da bereits in Kapitel 2 bis 4 dieses Teils ausführlich die Erhebungsmethode, die zu erhebenden Merkmale und die Skalen bestimmt wurden, soll nun im Rahmen der Beschreibung der Informationsgewinnung nur noch auf die Auswahl der Erhebungseinheiten und die Durchführung der Erhebung eingegangen werden.

5.1.1 Auswahl der Erhebungseinheiten

Zufrieden oder unzufrieden mit einem Unternehmen bzw. einer unternehmerischen Leistung kann nur derjenige sein, der bereits konkrete Erfahrungen mit einem Unternehmen bzw. den Produkten dieses Unternehmens gemacht hat. Im Rahmen einer Zufriedenheitsstudie kommen deshalb nur Kunden als Erhebungseinheiten in Betracht. Oder anders ausgedrückt: wenn man die Zufriedenheit der Kunden ermitteln möchte, muß man die Kunden fragen.
Hierbei entstehen jedoch zwei Problemkreise. Das erste Problem besteht in der Beantwortung der Frage, ob man alle Kunden oder nur einen repräsentativen Teil der Kunden zu ihrer Zufriedenheit befragen sollte. Hier ist also das Problem der Voll- bzw. der Teilerhebung zu erläutern. Das zweite Problem, daß es zu lösen gilt, besteht in der Frage, ob nur bisherige Kunden oder ob auch ehemalige Kunden oder sogar Kunden der Konkurrenz

befragt werden sollten. Die Beantwortung dieser Frage ist abhängig von der Zielsetzung der Untersuchung.

Ob man **im Rahmen einer Kundenzufriedenheitsanalyse eine Teil- oder Vollerhebung** durchführt, ist im wesentlichen von zwei Faktoren abhängig: **der Praktibilität und den Kosten**. Die Praktibilität einer Voll- oder Teilerhebung ist im wesentlichen von der Größe des Kundenstammes abhängig. Je nachdem, ob ein Unternehmen einen kleinen und überschaubaren oder einen großen Kundenkreis hat, ist eine Voll- bzw. eine Teilerhebung anzustreben. Besitzt ein Unternehmen nur einen relativ kleinen Kundenstamm, so ist es angebracht, eine Vollerhebung durchzuführen (z.B. Maschinenbauhersteller). Handelt es sich dagegen um ein Unternehmen mit einem großen Kundenstamm, so ist eher eine Teilerhebung zu empfehlen (z.B. Warenhäuser).

Ob nun ein Unternehmen im Rahmen einer Zufriedenheitsstudie eine Teil- oder eine Vollerhebung anstreben sollte, kann hier abschließend nicht gelöst werden. Da aber anzunehmen ist, daß sich die meisten Unternehmen aus Kostengründen und Gründen der Praktibilität für eine Teilerhebung entscheiden, soll im folgenden kurz auf die Besonderheiten einer Teilerhebung eingegangen werden. Bei einer Teilerhebung müssen insbesondere folgende Punkte bzw. Fragen beachtet werden:

- *Verfahren zur Bestimmung der Stichprobe: Zufallsauswahl oder bewußte Auswahl?*
- *Proportionale (verkleinertes Abbild der Kundenstruktur) oder disproportionale (Überrepräsentanz wichtiger, aber zahlenmäßig kleiner Kundengruppen) Stichprobe?*
- *Bestimmung des Umfangs der Stichprobe.*

Je nach Zielsetzung der Untersuchung sind neben den bisherigen Kunden, auch die ehemaligen Kunden und die Kunden der Konkurrenz miteinzubeziehen.
Ist es Ziel der Untersuchung, den Ist-Zustand der Zufriedenheit zu ermitteln und darüber hinaus einen Handlungsbedarf zur Steigerung der Kundenzufriedenheit zu erkennen, so reicht es aus, die bestehenden Kunden zu ihrer Zufriedenheit zu befragen. Möchte jedoch ein Unternehmen kritische Bereiche erkennen und verbessern, so erscheint es angebracht, auch ehemalige Kunden zu befragen. Ehemalige Kunden sind gegenüber dem Unternehmen kritischer. Aus ihren Urteilen lassen sich unter Umständen die Gründe für ihren Unternehmens- bzw. Markenwechsel ableiten. Die Verbesserung der hierdurch identifizierten kritischen Bereiche optimiert den Auftritt des Unternehmens insgesamt und ermöglicht unter Umständen die Zurückgewinnung dieser verlorenen Kunden. Möchte ein Unternehmen darüber hinaus ermitteln, wie ihre Kunden im Vergleich mit den Kunden der Konkurrenz zufrieden sind (Stichwort: Benchmarking), bietet es sich an, im Rahmen einer umfassenden Zufriedenheitsstudie auch die Kunden der Konkurrenz zu befragen. Hierdurch können Bereiche des Unternehmens identifiziert werden, die im Vergleich zur Konkurrenz

schlechter bewertet wurden. Durch eine Verbesserung dieser Bereiche lassen sich unter Umständen Kunden von der Konkurrenz abziehen. **Bei einer Befragung der Kunden der Konkurrenz ist es aus Gründen der Neutralität unerläßlich, einen externen Dienstleister einzuschalten. Nur hierdurch kann sicher gestellt werden, daß verläßliche und vergleichbare Daten erhoben werden**.

5.1.2 Die Durchführung der Erhebung

Nachdem geklärt ist, ob eine Voll- oder Teilerhebung durchgeführt wird und welche Kunden befragt werden sollen, kann die eigentliche Erhebung der Daten erfolgen.

Für die Art und Weise der Erhebung der Daten bieten sich grundsätzlich drei Vorgehensweisen an: die mündliche, die fernmündliche und die schriftliche Erhebung. In Abbildung 26 sind die Vor- und Nachteile dieser verschiedenen Befragungsformen zusammengefaßt dargestellt.

Abb. 26 : Vor- und Nachteile verschiedener Befragungsformen

Kriterium	**Mündliche Erhebung**	**Fernmündliche Erhebung**	**Schriftliche Erhebung**
Antwortrate	hoch	hoch	tendenziell niedrig
Kosten	sehr hoch	hoch	mittel bis gering
Kontrolle der Erhebungssituation	sehr gut	gut	gering
Objektivität der Ergebnisse	sehr problematisch (Interviewereinfluß)	problematisch (Interviewereinfluß)	hoch
Notwendigkeit externer Unterstützung bei der Durchführung	Notwendigkeit gegeben	Notwendigkeit gegeben	Notwendigkeit nicht gegeben

Bei der mündlichen Befragung stellt ein Interviewer die Fragen und notiert die Antworten. Die Auskunftspersonen werden also persönlich zu den einzelnen Punkten des Fragebogens zur Ermittlung der Kundenzufriedenheit befragt. Abgesehen von den hohen Kosten und dem nicht zu unterschätzenden Interviewereinfluß ist diese Form der Befragung für die Auskunftsperson sehr ermüdend. Zweiundzwanzig Mal die Auskunftsperson zuerst zu der Wichtigkeit und dann zur Zufriedenheit zu befragen langweilt die Auskunftsperson. Aus diesem Grund ist bei Anwendung des hier entwickelten Fragebogens auf eine mündliche Befragung zu verzichten.

Die fernmündliche Befragung ähnelt sehr stark der mündlichen Befragung. Die fernmündliche Befragung hat jedoch gegenüber der mündlichen Befragung den Vorteil, daß sie sehr kurzfristig eingesetzt werden kann und nicht so kostenintensiv ist. Dennoch ist bei Einsatz des hier entwickelten Fragebogens ebenfalls auf die fernmündliche Befragung zu verzichten. Es stellen sich hier die selben Nachteile wie bei der mündlichen Befragung dar.

Bei der schriftlichen Befragung werden den Auskunftspersonen die Fragebögen zugeschickt bzw. ausgehändigt, die sie nach der Beantwortung bzw. Bearbeitung ausgefüllt zurücksenden oder abgeben sollen. Aufgrund der einfachen Gestaltung des hier entwickelten Fragebogens, der klar gestellten Fragen und der einfachen Art der Beantwortung bietet sich eine schriftliche Befragung an. Darüber hinaus sind bei einer schriftlichen Befragung die Kosten geringer und die Ergebnisse objektiver.

Ein Nachteil von schriftlichen Befragungen liegt jedoch in den tendenziell geringen Rücklaufquoten von ca. 5 % bis 30 %. Dennoch gibt es für ein Unternehmen vielfältige Möglichkeiten die Höhe der Antwortrate aktiv zu beeinflussen. Homburg/Rudolph geben folgende Empfehlungen für die positive Beeinflussung der Antwortrate:[63]

- *Commitment signalisieren*
  Für den Kunden muß ersichtlich sein, daß das Unternehmen gewillt ist, sich mit seinen Aussagen ernsthaft auseinanderzusetzen und sie zur Verbesserung der eigenen Leistungen zu verwenden. Ein Brief der Unternehmensleistung signalisiert solches Commitment.
- *Einfachheit ernst nehmen*
  Einfache Fragen, eine klare Strukturierung und eine ansprechende optische Gestaltung können die Bereitschaft eines Kunden erhöhen, den Fragebogen auszufüllen und zurückzusenden.
- *Beharrlichkeit zeigen*
  Nachfaßaktionen erhöhen ebenfalls die Antwortrate. Das Nachfassen kann schriftlich in Form einer Erinnerung oder durch nochmalige Zusendung des Fragebogens erfolgen.
- *Individualität praktizieren*
  Der Begleitbrief zum Fragebogen sollte - wenn möglich - persönlich adressiert werden.

Durch Beachtung dieser Empfehlungen kann ein Unternehmen spürbar die Antwortrate verbessern.

---

[63] vgl. Homburg, Rudolph (1995), S. 46; vgl. zur Verbesserung der Rücklaufquote bei schriftlichen Befragungen auch die Dillmansche 'Total-Design-Methode', zu finden u.a. bei Laatz (1993), S. 110

Zusammengefaßt kann festgestellt werden, daß im Rahmen einer Kundenzufriedenheitsstudie die schriftliche Befragung zu präferieren ist. Die hier beschriebenen Vorteile und auch die Option, die Ermittlung der Zufriedenheit selbst durchführen zu können, bestärken diese Empfehlung.

5.2 Die Informationsverarbeitung

Nach der Phase der Informationsgewinnung folgt die Phase der Informationsverarbeitung. Sie beinhaltet die Vorbereitung der Datenauswertung, die Datenanalyse und die Dateninterpretation. Im folgenden sollen diese Phasen näher beleuchtet werden. Hierbei soll auch auf den Einsatz des Statistikprogramms SPSS[64] eingegangen werden.

5.2.1 Vorbereitung der Datenauswertung

Nachdem nun durch die schriftliche Befragung die Daten zur Zufriedenheit erhoben wurden, sind die ausgefüllten Fragebögen formal und technisch aufzubereiten, damit sie mit Hilfe statistischer Verfahren analysiert werden können. Zur Vorbereitung der Datenauswertung gehört die Aussonderung nicht auswertbarer Fragebögen, die Verschlüsselung der Daten (Kodierung) und die Eingabe und Überprüfung der Daten in ein statistisches Computerprogramm.

Bei jeder Primärerhebung, so auch bei der Ermittlung der Kundenzufriedenheit, ist eine Anzahl von Fragebögen nicht verwertbar, da Teile versehentlich oder aufgrund von Antwortverweigerungen nicht ausgefüllt wurden. Aus diesem Grund ist aus der Gesamtheit der Fragebögen diejenigen auszusondern, die nicht verwertbar sind.

Um die Antworten, die auf eine Frage möglich sind, auswerten zu können, müssen sie einer begrenzten Anzahl von Kategorien oder Codes zugewiesen werden. Unter Kodieren wird die Bildung von Antwortkategorien und die Zuweisung von Zahlen verstanden. Die Verschlüsselung bildet die Grundlage zur Übertragung der Rohdaten in ein statistisches Computerprogramm. Die Kodierung des hier entwickelten Fragebogens zur Ermittlung der Kundenzufriedenheit ist aus Abbildung 27 ersichtlich. Um die Erfassung zu vereinfachen, wurden die Wichtigkeiten und die Zufriedenheitsurteile von 1 bis 7 durchnummeriert. Hierdurch wird die Eingabe des Minuszeichens (bei -3 bis -1) vermieden. Diese Transformation ist bei der Datenanalyse bzw. der Dateninterpretation zu beachten (siehe Kapitel 5.2.2 und 5.2.3 dieses Teils). Bei Bedarf, insbesondere dann, wenn die Fragen zur Person erweitert werden, ist die Kodierung anzupassen.

---

[64] Der Name SPSS stand ursprünglich als Abkürzung für „Statistical Package for the Social Science" und wurde später durch „Superior Performing Software Systems ersetzt".

Abb. 27 : Kodierung des Fragebogens

Wir wollen uns verbessern, damit Sie zufriedener mit uns sind !!!

Wir sind nicht fehlerfrei. Deshalb wollen wir von Ihnen wissen, was für Sie wichtig ist, und mit was Sie zufrieden oder unzufrieden sind. Wir bitten Sie deshalb, die folgenden Fragen zu beantworten. Zum Ausfüllen dieses Fragebogens werden sie weniger als fünf Minuten benötigen. Natürlich werden alle Angaben streng vertraulich behandelt.

PUNKT A

Bitte geben Sie die Wichtigkeit (absolut unwichtig bis absolut wichtig) an, die die folgenden Kriterien für Sie in der __________-Branche haben. Anschließend bewerten sie bitte Ihre Zufriedenheit (absolut unzufrieden bis absolut zufrieden) mit uns in Bezug auf diese Kriterien.

Kodierung in Fettdruck	Wichtigkeit in der __________-Branche							Zufriedenheit mit __________						
	absolut unwichtig						absolut wichtig	absolut unzufrieden						absolut zufrieden
	-3	-2	-1	0	1	2	3	-3	-2	-1	0	1	2	3
1. moderne technische Ausrüstung	**1**	**2**	**3**	**4**	**5**	**6**	**7**	**1**	**2**	**3**	**4**	**5**	**6**	**7**
2. Gestaltung der Geschäftsräume	**1**	**2**	**3**	**4**	**5**	**6**	**7**	**1**	**2**	**3**	**4**	**5**	**6**	**7**
3. Kleidung des Personals	**1**	**2**	**3**	**4**	**5**	**6**	**7**	**1**	**2**	**3**	**4**	**5**	**6**	**7**
4. Gestaltung von Broschüren	**1**	**2**	**3**	**4**	**5**	**6**	**7**	**1**	**2**	**3**	**4**	**5**	**6**	**7**
5. Einhalten von Versprechen	**1**	**2**	**3**	**4**	**5**	**6**	**7**	**1**	**2**	**3**	**4**	**5**	**6**	**7**
6. ernstes Interesse, Kundenprobleme zu lösen	**1**	**2**	**3**	**4**	**5**	**6**	**7**	**1**	**2**	**3**	**4**	**5**	**6**	**7**
7. Fähigkeit, etwas gleich beim ersten Mal richtig zu erledigen	**1**	**2**	**3**	**4**	**5**	**6**	**7**	**1**	**2**	**3**	**4**	**5**	**6**	**7**
8. Einhaltung von Terminen	**1**	**2**	**3**	**4**	**5**	**6**	**7**	**1**	**2**	**3**	**4**	**5**	**6**	**7**
9. verständliche und fehlerfreie Abrechnungen (z.B. Rechnungen)	**1**	**2**	**3**	**4**	**5**	**6**	**7**	**1**	**2**	**3**	**4**	**5**	**6**	**7**
10. genaue Auskünfte, wann eine Leistung erbracht wird	**1**	**2**	**3**	**4**	**5**	**6**	**7**	**1**	**2**	**3**	**4**	**5**	**6**	**7**
11. geringe Wartezeiten	**1**	**2**	**3**	**4**	**5**	**6**	**7**	**1**	**2**	**3**	**4**	**5**	**6**	**7**
12. Hilfsbereitschaft des Personals	**1**	**2**	**3**	**4**	**5**	**6**	**7**	**1**	**2**	**3**	**4**	**5**	**6**	**7**
13. unmittelbare Erfüllung von Wünschen	**1**	**2**	**3**	**4**	**5**	**6**	**7**	**1**	**2**	**3**	**4**	**5**	**6**	**7**
14. vertrauenerweckendes Personal	**1**	**2**	**3**	**4**	**5**	**6**	**7**	**1**	**2**	**3**	**4**	**5**	**6**	**7**
15. Atmosphäre bei Umgang mit Personal	**1**	**2**	**3**	**4**	**5**	**6**	**7**	**1**	**2**	**3**	**4**	**5**	**6**	**7**

BITTE WENDEN !

Abb. 27 : Kodierung des Fragebogens (Fortsetzung)

Kodierung in Fettdruck

	Wichtigkeit in der ___________-Branche							Zufriedenheit mit ________________						
	absolut unwichtig						absolut wichtig	absolut unzufrieden						absolut zufrieden
	-3	-2	-1	0	1	2	3	-3	-2	-1	0	1	2	3
16. Höflichkeit der Mitarbeiter	1	2	3	4	5	6	7	1	2	3	4	5	6	7
17. Fachwissen des Personals	1	2	3	4	5	6	7	1	2	3	4	5	6	7
18. Aufmerksamkeit des Personals	1	2	3	4	5	6	7	1	2	3	4	5	6	7
19. Öffnungszeiten	1	2	3	4	5	6	7	1	2	3	4	5	6	7
20. Interesse an Kundenproblemen	1	2	3	4	5	6	7	1	2	3	4	5	6	7
21. Kenntnis der Bedürfnisse der Kunden	1	2	3	4	5	6	7	1	2	3	4	5	6	7
22. persönlicher Einsatz des Personals für den Kunden	1	2	3	4	5	6	7	1	2	3	4	5	6	7

PUNKT B

Bitte bewerten Sie nun Ihre gesamte Zufriedenheit mit unserem Unternehmen.

	absolut unzufrieden						absolut zufrieden
	-3	-2	-1	0	1	2	3
Insgesamt bin ich mit ________	1	2	3	4	5	6	7

PUNKT C

Zum Schluß bitten wir Sie, einige Angaben zu Ihrer Person zu machen.

1. Ihr Geschlecht	weiblich	1	männlich	2
2. Ihr Alter	bis 14 Jahre	1	40 Jahre bis 49 Jahre	5
	14 Jahre bis 19 Jahre	2	50 Jahre bis 59 Jahre	6
	20 Jahre bis 29 Jahre	3	60 Jahre bis 69 Jahre	7
	30 Jahre bis 39 Jahre	4	70 Jahre und älter	8
3. Ihr derzeitiger beruflicher Stand	Arbeiter	1	z.Z. arbeitslos	6
	Angestellter	2	Hausfrau/-mann	7
	Beamter	3	Rentner	8
	Selbständiger	4	Sonstiges	9
	Student/Schüler	5		

Sie haben es geschafft! Wir bedanken uns für Ihre Mühen und werden uns Ihre Kritik zu Herzen nehmen.

Nach der Kodierung erfolgt die Eingabe der Daten. Hierfür bieten sich bei SPSS verschiedene Möglichkeiten an. Zum einen kann die Erfassung der Daten durch Eingabe der Daten direkt in SPSS erfolgen, zum anderen ist es möglich, die Daten mit Hilfe eines Tabellenkalkulations- oder Datenbankprogramms zu erfassen und dann anschließend in SPSS zu importieren. Vorab muß jedoch die Datenstruktur definiert werden. In Abbildung 28 findet sich eine Empfehlung für das Anlegen einer Datenstruktur für das Datenbankprogramm dBase. Nach der Definition der Datenstruktur kann die eigentliche Erfassung der Daten erfolgen. Aufgrund der einfachen Kodierung bringt die Erfassung keine größeren Probleme mit sich und kann auch von unerfahrenen Arbeitskräften durchgeführt werden.

Bei der Eingabe der Daten schleichen sich erfahrungsgemäß Fehler ein, die eine Gegenkontrolle erforderlich machen. Der Datenbestand muß daher auf unzulässige Schlüsselzahlen, unzulässige und fehlende Angaben überprüft werden. Hierfür bietet sich u.a. eine einfache Häufigkeitsanalyse über alle Variablen des Datenbestandes an. Hierdurch werden Schlüssel identifiziert, die im Vorfeld nicht definiert worden sind (z.B. Schlüssel 3 bei Geschlecht, Schlüssel 8 bei Zufriedenheit). Diese Erfassungsfehler können dann anschließend bereinigt werden. Um Erfassungsfehler schneller zu beheben, bietet es sich an, die Fragebögen zu numerieren und diese Fragebogennummern auch zu erfassen. Hierdurch ermöglicht man den schnelleren Zugriff auf Fragebögen, bei denen eventuelle Erfassungsfehler aufgetreten sind. Darüber hinaus verhindert die Numerierung, daß Fragebögen doppelt erfaßt werden.

Abb. 28 : Datenstruktur für das Datenbankprogramm dBase

Feld	Feldname	Typ	Länge	Feld	Feldname	Typ	Länge
1	FB_NR	Zeichen	4	26	A_13_W	Numerisch	1
2	A_1_W	Numerisch	1	27	A_13_Z	Numerisch	1
3	A_1_Z	Numerisch	1	28	A_14_W	Numerisch	1
4	A_2_W	Numerisch	1	29	A_14_Z	Numerisch	1
5	A_2_Z	Numerisch	1	30	A_15_W	Numerisch	1
6	A_3_W	Numerisch	1	31	A_15_Z	Numerisch	1
7	A_3_Z	Numerisch	1	32	A_16_W	Numerisch	1
8	A_4_W	Numerisch	1	33	A_16_Z	Numerisch	1
9	A_4_Z	Numerisch	1	34	A_17_W	Numerisch	1
10	A_5_W	Numerisch	1	35	A_17_Z	Numerisch	1
11	A_5_Z	Numerisch	1	36	A_18_W	Numerisch	1
12	A_6_W	Numerisch	1	37	A_18_Z	Numerisch	1
13	A_6_Z	Numerisch	1	38	A_19_W	Numerisch	1
14	A_7_W	Numerisch	1	39	A_19_Z	Numerisch	1
15	A_7_Z	Numerisch	1	40	A_20_W	Numerisch	1
16	A_8_W	Numerisch	1	41	A_20_Z	Numerisch	1
17	A_8_Z	Numerisch	1	42	A_21_W	Numerisch	1
18	A_9_W	Numerisch	1	43	A_21_Z	Numerisch	1
19	A_9_Z	Numerisch	1	44	A_22_W	Numerisch	1
20	A_10_W	Numerisch	1	45	A_22_Z	Numerisch	1
21	A_10_Z	Numerisch	1	46	B	Numerisch	1
22	A_11_W	Numerisch	1	47	C_1	Numerisch	1
23	A_11_Z	Numerisch	1	48	C_2	Numerisch	1
24	A_12_W	Numerisch	1	49	C_3	Numerisch	1
25	A_12_Z	Numerisch	1				

5.2.2 Datenanalyse

Nachdem nun die Daten zur Zufriedenheit der Kunden erfaßt sind, müssen diese Daten analysiert, d.h. statistisch aufbereitet werden. Hierfür bieten sich eine Vielzahl von statistischen Methoden an. Im wesentlichen unterscheidet man in der Statistik zwischen univariaten Analysen und den multivariaten Analysen. Zu den univariaten Methoden gehören die deskriptiven Methoden (z.B. Tabellierung, graphische Darstellung, statistische Kennwerte) und die schließende Statistik (z.B. Chi-Quadrat-Test). Die multivariaten Methoden unterscheidet man in Dependenzanalysen (z.B. Kreuztabellierung, Regressionsanalyse, Diskriminanzanalyse) und in Interdependenzanalysen (z.B. Faktorenanalysen, Clusteranalysen). Mit Hilfe des Programmpaktes SPSS lassen sich diese Analysen ohne größere Probleme durchführen. Dies bedeutet jedoch nicht, daß alle diese Analysen durchgeführt werden sollten. Es ist vielmehr eine genaue Auswahl der Methoden zu treffen.

Für die Analyse im Rahmen einer Kundenzufriedenheitsstudie genügen i.d.R. die deskriptiven Methoden. Nur bei weitergehenden Fragestellungen ist der Einsatz der anderen Methoden angebracht. So ist z.B. die Durchführung einer Faktorenanalyse dann sinnvoll, wenn die hier beschriebene Dimensionsstruktur überprüft werden soll.[65] Der Einsatz der Clusteranalyse ist dann empfehlenswert, wenn z.B. untersucht werden soll, ob es abgrenzbare Gruppen von Kunden mit unterschiedlichen Wichtigkeits- oder Zufriedenheitsurteilen gibt.[66] Im folgenden soll nur auf die deskriptiven Methoden kurz eingegangen werden.

Zuerst sollten im Rahmen der Datenanalyse über alle Variablen Häufigkeitsanalysen durchgeführt werden. Hierdurch lassen sich nochmals die Daten überprüfen. Darüber hinaus kann mit Hilfe der Häufigkeitsanalyse die Verteilung der Merkmalsausprägungen einer Variable erkannt werden. So kann z.B. festgestellt werden, wieviel Personen bei der Frage nach der Gesamtzufriedenheit das Unternehmen mit -3 bis +3 bewertet haben. Die Häufigkeitsanalyse bietet sich insbesondere für die sozio-demografischen Daten an. Hierdurch kann die sozio-demografische Struktur der befragten Personen ermittelt werden. Falls es sich bei dem befragten Personenkreis um eine Stichprobe handelt, kann festgestellt werden, inwieweit die Struktur der Stichprobe mit der Struktur der Grundgesamtheit übereinstimmt bzw. ob Abweichungen festzustellen sind. Häufigkeitsanalysen lassen sich ohne Schwierigkeiten mit Hilfe von SPSS durchführen und können sowohl tabellarisch als auch grafisch (z.B. Histogramm) dargestellt werden.

---

[65] vgl. zum Einsatz der Faktorenanalyse im Rahmen von Kundenzufriedenheitsstudien Benz (1991), S, 77ff.

[66] vgl. zum Einsatz der Clusteranalyse im Rahmen von Kundenzufriedenheitsstudien Lingenfelder, Schneider (1991), S. 32f.

Nach Durchführung der Häufigkeitsanalysen bietet es sich an, statistische Kennwerte dieser Verteilungen zu berechnen. Im Rahmen von Kundenzufriedenheitsstudien genügt es in der Regel, das arithmetische Mittel und die Standardabweichung zu berechnen.
Das arithmetische Mittel gibt den Wert an, den die Verteilung im Durchschnitt aufweist. Im Rahmen der Analyse der Kundenzufriedenheit ist es für die Dateninterpretation interessant, die durchschnittliche Wichtigkeit und Zufriedenheit mit jedem Merkmal über alle Auskunftspersonen und die durchschnittliche Wichtigkeit und Zufriedenheit über alle Merkmale zu berechnen. Durch diese Berechnungen läßt sich erkennen, welche Merkmale hinsichtlich ihrer Wichtigkeit und ihrer Zufriedenheit unter bzw. über dem Durchschnitt liegen.
Die Standardabweichung ist ein Streuungsmaß. Sie gibt an, mit welchem durchschnittlichen Wert die einzelnen Werte der Verteilung vom arithmetischen Mittel abweichen. Die Standardabweichung ist ein wichtiger Maßstab bei der Interpretation der Daten. Mit ihr kann beim Vergleich zweier oder mehr Durchschnittswerte festgestellt werden, ob der Unterschied zwischen den Werten relevant ist oder nicht.
Die Formeln zur Berechnung des arithmetischen Mittels und der Standardabweichung sind aus Abbildung 29 ersichtlich. Diese Berechnungen lassen sich wiederum mit Hilfe von SPSS durchführen.

Abb. 29 : Formeln im Rahmen der Datenanalyse

Berechnung	Formel
durchschnittliche Wichtigkeit eines Merkmals	$W_k = \frac{\sum_{i=1}^{n} w_{ik}}{n}$ W_k : durchschnittliche Wichtigkeit des Merkmals k w_{ik} :Wichtigkeit des Merkmals k für den Kunden i Standardabweichung: $S_k = \sqrt{\frac{\sum_{i=1}^{n} (w_{ik} - W_k)^2}{n}}$
durchschnittliche Zufriedenheit mit einem Merkmal	$Z_k = \frac{\sum_{i=1}^{n} EZ_{ik}}{n}$ Z_k : durchschnittliche Zufriedenheit mit Merkmal k EZ_{ik}: Zufriedenheit mit Merkmal k des Kunden i Standardabweichung: $S_k = \sqrt{\frac{\sum_{i=1}^{n} (EZ_{ik} - Z_k)^2}{n}}$

Abb. 29 : Formeln im Rahmen der Datenanalyse (Fortsetzung)

durchschnittliche Wichtigkeit der Merkmale	$W = \frac{\sum_{k=1}^{22} W_k}{22}$ W : durchschnittliche Wichtigkeit der Merkmale W_k: durchschnittliche Wichtigkeit des Merkmals k Standardabweichung: $S = \sqrt{\frac{\sum_{k=1}^{22} (W_k - W)^2}{22}}$
durchschnittliche Zufriedenheit mit den Merkmalen	$Z = \frac{\sum_{k=1}^{22} Z_k}{22}$ Z : durchschnittliche Zufriedenheit mit den Merkmalen Z_k: durchschnittliche Zufriedenheit mit Merkmal k Standardabweichung: $S = \sqrt{\frac{\sum_{k=1}^{22} (Z_k - Z)^2}{22}}$
gewichtete Zufriedenheit mit einem Merkmal	$Z_{k_{gew.}} = \frac{\sum_{i=1}^{n} \left(EZ_{ik} - \frac{\lvert EZ_{ik} - w_{ik} \rvert}{7} \right)}{n}$ Z_{kgew} : gewichtete Zufriedenheit mit Merkmal k EZ_{ik} : Zufriedenheit mit Merkmal k des Kunden i w_{ik} : Wichtigkeit des Merkmals k für den Kunden i
gewichtete Gesamtzufriedenheit	$Z_{gew.} = \frac{\sum_{k=1}^{22} \frac{\sum_{i=1}^{n} \left(EZ_{ik} - \frac{\lvert EZ_{ik} - w_{ik} \rvert}{7} \right)}{n}}{22}$ Z_{kgew} : gewichtete Zufriedenheit mit Merkmal k EZ_{ik} : Zufriedenheit mit Merkmal k des Kunden i w_{ik} : Wichtigkeit des Merkmals k für den Kunden i

Durch die Einführung der Gewichtungsfaktoren wurde es den Kunden ermöglicht anzugeben, wie wichtig ihnen einzelne Merkmale sind. Diese Aussagen können zur Berechnung einer gewichteten Zufriedenheit, sowohl für einzelne Merkmale als für eine Gesamtzufriedenheit, verwendet werden. Die gewichtete Zufriedenheit integriert die Aussage über die Wichtigkeit und das Zufriedenheitsurteil der Kunden über ein Merkmal und gibt wichtige

Hinweise für die Interpretation der Daten. Zur Berechnung der gewichteten Zufriedenheit wurden die aus Abbildung 29 ersichtlichen Formeln entwickelt. Hierbei ist anzumerken, daß die Formeln die Aussage über die Wichtigkeit als Maßstab zur Berechnung der Wertigkeit der Zufriedenheit heranziehen. Ist das Zufriedenheitsurteil größer als die Wichtigkeit, so ist die berechnete gewichtete Zufriedenheit geringer als das ursprüngliche Zufriedenheitsurteil; die gewichtete Zufriedenheit ist also schlechter als das ursprüngliche Zufriedenheitsurteil. Ist die Wichtigkeit größer als das Zufriedenheitsurteil, so geht das Zufriedenheitsurteil ebenfalls mit einem geringeren Wert in die berechnete gewichtete Zufriedenheit ein. Diese Vorgehensweise ist die Folge logischer Überlegungen. Ist einem Kunden ein Merkmal, z.B. die Einhaltung von Terminen, sehr wichtig (+3) und bewertet dieser Kunden dieses Merkmal mit -2, so muß das ursprüngliche Zufriedenheitsurteil mit einem geringerem Wert in die berechnete gewichtete Zufriedenheit eingehen, d.h. die Zufriedenheit gegenüber diesem Merkmal muß schlechter bewertet werden, weil dieses Merkmal für den Kunden wichtig ist. Ist es jedoch umgekehrt, ist also die Wichtigkeit eines Merkmals gering, die Zufriedenheit jedoch hoch, so darf dieses Zufriedenheitsurteil ebenfalls nicht mit den ganzen Wert in die berechnete Zufriedenheit mit eingehen. Dies begründet sich damit, daß dieses Merkmal für den Kunden nicht wichtig genug ist. Nur wenn Wichtigkeit und Zufriedenheit übereinstimmen, geht das Zufriedenheitsurteil mit diesem Wert in die berechnete gewichtete Zufriedenheit mit ein. Die Abbildungen 30 und 31 zeigen die berechneten gewichteten Zufriedenheiten für alternative Werte für Wichtigkeit und Zufriedenheit.

Abb. 30 : Gewichtete Zufriedenheit bei alternativen Wichtigkeiten und Zufriedenheitsurteilen (nach Kodierung)

	Zufriedenheit						
Wichtigkeit	1	2	3	4	5	6	7
1	1	1,857	2,714	3,571	4,429	5,286	6,143
2	0,857	2	2,857	3,714	4,571	5,429	6,286
3	0,714	1,857	3	3,857	4,714	5,571	6,429
4	0,571	1,714	2,857	4	4,857	5,714	6,571
5	0,429	1,571	2,714	3,857	5	5,857	6,714
6	0,286	1,429	2,571	3,714	4,857	6	6,857
7	0,143	1,286	2,429	3,571	4,714	5,857	7

Abb. 31 : Gewichtete Zufriedenheit bei alternativen Wichtigkeiten und Zufriedenheitsurteilen (nach Transformation der Werte)

	Zufriedenheit						
Wichtigkeit	-3	-2	-1	0	1	2	3
-3	-3	-2,14	-1,29	-0,43	0,429	1,286	2,143
-2	-3,14	-2	-1,14	-0,29	0,571	1,429	2,286
-1	-3,29	-2,14	-1	-0,14	0,714	1,571	2,429
0	-3,43	-2,29	-1,14	0	0,857	1,714	2,571
1	-3,57	-2,43	-1,29	-0,14	1	1,857	2,714
2	-3,71	-2,57	-1,43	-0,29	0,857	2	2,857
3	-3,86	-2,71	-1,57	-0,43	0,714	1,857	3

Die Ergebnisse dieser Berechnungen können sowohl tabellarisch als auch grafisch dargestellt werden. Abbildung 32 zeigt Beispiele für die tabellarische und grafische Darstellung der durchschnittlichen Wichtigkeiten und Zufriedenheiten und der gewichteten Zufriedenheiten mit den einzelnen Merkmalen. Hierbei wurden die ermittelten Daten in die ursprüngliche Intervallform zurück transformiert, d.h. die für die Eingabe mit 1 bis 7 kodierten Wichtigkeiten und Zufriedenheitsurteile wurden in die ursprüngliche Form -3 bis +3 umgewandelt.[67]

[67] Bewerkstelligt wurde diese Transformation, in dem von jedem berechneten Wert (außer der Standardabweichung) 4 subtrahiert wurde.

Abb. 32 : Beispiel für die tabellarische und grafische Darstellung der durchschnittlichen Wichtigkeiten und Zufriedenheiten mit den Merkmalen

Merkmal	Wichtigkeit	Standard-abweichung	Zufriedenheit	Standard-abweichung	gewichtete Zufriedenheit
moderne technische Ausrüstung	2,20	0,98	1,70	0,90	1,51
Gestaltung der Geschäftsräume	2,00	0,89	1,50	0,92	1,37
Kleidung des Personals	2,30	1,00	1,80	1,47	1,64
Gestaltung von Broschüren	0,80	1,08	1,10	0,83	1,03
...					
Insgesamt	2,37	0,47	1,23	0,45	1,14

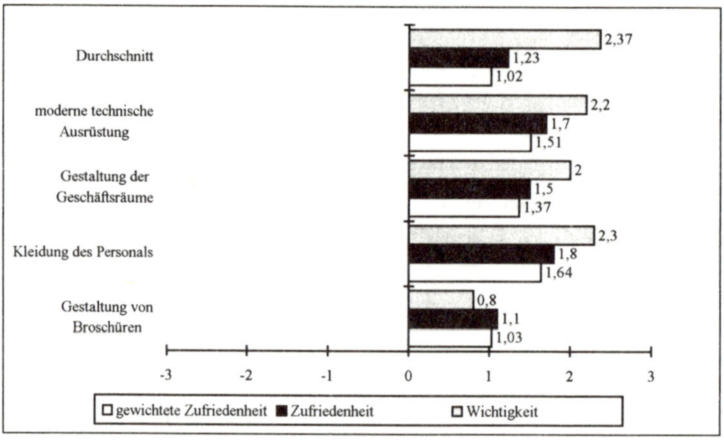

Durch die Vielzahl der Merkmale wird die Übersichtlichkeit nicht unbedingt gewahrt. Deshalb bietet es sich an, neben den Merkmalen auch die übergeordneten Dimensionen darzustellen. Durch diese Verdichtung der Daten gehen zwar Informationen verloren, dennoch erlaubt diese Darstellungsform einen schnelleren Überblick und erleichtert den Ansatz zur Dateninterpretation. Die Berechnung der Wichtigkeiten und Zufriedenheiten bzw. gewichteten Zufriedenheiten der Dimensionen erfolgt, in dem man die Einzelwerte der Merkmale, die zu einer Dimension gehören addiert und durch die Anzahl der Merkmale dividiert (einfaches arithmetisches Mittel). Allerdings muß hier der Nachteil in Kauf genommen werden, daß jedes Merkmal mit der gleichen Gewichtung in die Berechnungen der Dimensionswerte eingehen, was nicht unbedingt mit der Realität übereinstimmt. Dieser Nachteil kann jedoch aufgrund der besseren Übersicht durchaus in Kauf genommen werden. Abbildung 33 zeigt Beispiele für die tabellarische und grafische Darstellung der durchschnittlichen Wichtigkeiten und Zufriedenheiten und der gewichteten Zufriedenheiten mit den einzelnen Dimensionen. Diese Darstellungen sollten nur den Einstieg in die Dateninterpretation erleichtern und nicht als alleinige Grundlage für spätere Empfehlungen gelten.

Abb. 33 : Beispiel für die tabellarische und grafische Darstellung der Wichtigkeiten und Zufriedenheiten mit den Dimensionen

Merkmal	Wichtigkeit	Zufriedenheit	gewichtete Zufriedenheit
Materielles	1,83	1,53	1,39
Zuverlässigkeit	2,64	1,16	0,91
Entgegenkommen	2,23	0,85	0,58
Souveränität	2,58	1,15	0,93
Einfühlung	2,5	1,42	1,24
Durchschnitt	2,35	1,22	1,01

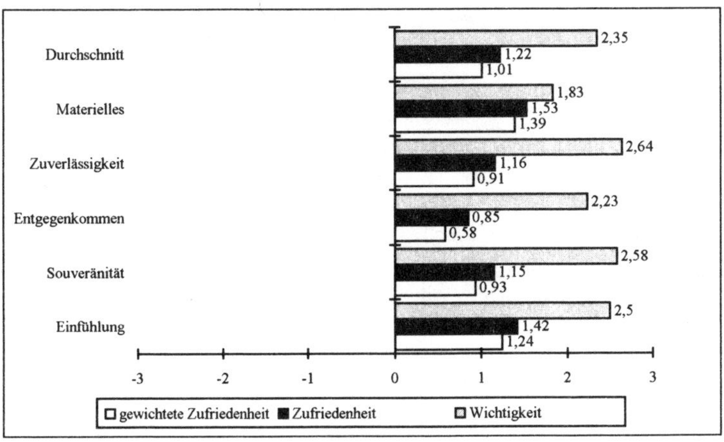

Neben der Betrachtung der Merkmale und der Dimensionen kann auch eine Analyse der Gesamtzufriedenheiten erfolgen. Hierbei geht es insbesondere um die Gegenüberstellung der durchschnittlichen Zufriedenheit mit den Merkmalen, der berechneten gewichteten Gesamtzufriedenheit und der durchschnittlichen Gesamtzufriedenheit. Durch den Vergleich dieser Werte lassen sich für die Dateninterpretation wichtige Erkenntnisse gewinnen. Abbildung 34 zeigt diese Gegenüberstellung grafisch auf.

Abb. 34 : Beispiel für die grafische Darstellung der Gegenüberstellung der durchschnittlichen Gesamtzufriedenheit, der durchschnittlichen Zufriedenheit mit den Merkmalen und der gewichteten Zufriedenheit

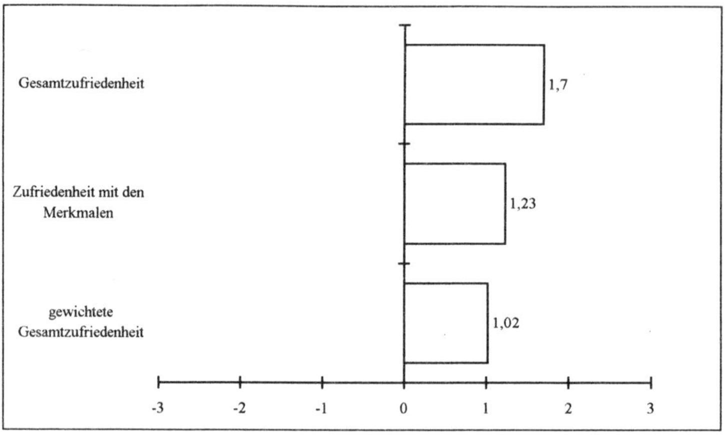

Natürlich können alle vorgestellten Analysen auch nach sozio-demografischen Merkmalen (z.B. Geschlecht oder Alter) erfolgen. Abbildung 35 gibt auch hierzu ein Beispiel.

Abb. 35 : Beispiel für die tabellarische Darstellung der durchschnittlichen Wichtigkeiten und Zufriedenheiten mit den Merkmalen nach Geschlecht

Merkmal	**Wichtigkeit**		**Zufriedenheit**		**gewichtete Zufriedenheit**	
Geschlecht	Frauen	Männer	Frauen	Männer	Frauen	Männer
moderne technische Ausrüstung	2,00	2,40	2,20	1,20	2,00	1,03
Gestaltung der Geschäftsräume	2,20	1,80	2,00	1,00	1,86	0,89
Kleidung des Personals	2,40	2,20	2,60	1,00	2,50	0,77
Gestaltung von Broschüren	1,00	0,60	1,00	1,20	0,94	1,11
...						
Insgesamt	1,24	2,30	0,91	0,40	0,80	0,09

Werden regelmäßig auf Grundlage des hier entwickelten Fragebogens Zufriedenheitsstudien durchgeführt, so empfiehlt es sich, die Ergebnisse in Form von Zeitreihen grafisch darzustellen. Hierdurch kann festgestellt werden, inwieweit sich die Wichtigkeiten und Zufriedenheiten der einzelnen Merkmale im Zeitablauf geändert haben.

5.2.3 Dateninterpretation

Nachdem die Daten analysiert, tabellarisch und grafisch aufgearbeitet sind, gilt es die vorhandenen Daten zu interpretieren. Vorrangiges Ziel hierbei ist es, Schwachstellen zu identifizieren, um diese in einem nachfolgenden Schritt abzubauen.

Je nach Umfang der Datenanalyse kann für die Dateninterpretation äußerst umfangreiches Datenmaterial vorliegen. Um die Überschaubarkeit und Klarheit zu wahren, bietet es sich an, die Dateninterpretation systematisch zu betreiben. Hierdurch können schnell die wichtigsten Informationen gewonnen und zum Inhalt unternehmerischer Entscheidungen gemacht werden.

In einem ersten Schritt sollten die Dimensionen näher betrachtet werden. Durch die relativ geringe Anzahl von fünf Dimensionen wird die Überschaubarkeit gewahrt und es lassen sich schnell erste Schwachstellen erkennen. Als Maßstäbe zum Vergleich bieten sich hier die Wichtigkeit, die Zufriedenheit, die gewichtete Zufriedenheit und die entsprechenden Durchschnittswerte an. Mit Hilfe der Wichtigkeit läßt sich erkennen, welche Dimension für die Kunden am bedeutendsten ist und welche Dimension nicht so wichtig ist. Für die Kunden eines Unternehmens könnte z.B. die Dimension Zuverlässigkeit am wichtigsten sein. Dies würde bedeuten, daß die Kunden auf Verläßlichkeit und präzise Ausführung großen Wert legen. Mit den Werten zur Zufriedenheit und gewichteten Zufriedenheit lassen sich ebenfalls erste grobe Erkenntnisse erzielen. So könnte sich z.B. ergeben, daß die Kunden mit der Dimension Entgegenkommen am unzufriedensten sind. Sie schätzen also die Bereitschaft des Unternehmen, Kunden zu helfen und sie prompt zu bedienen eher gering ein.
Weitere wichtige Erkenntnisse liefert der Vergleich mit den entsprechenden Durchschnittswerten. So lassen sich die Dimensionen identifizieren, die über bzw. unter dem Durchschnitt des entsprechenden Werts liegen. Durch diesen Vergleich könnte sich ergeben, daß z.B. die Dimensionen Materielles und Entgegenkommen hinsichtlich der Wichtigkeit unter dem Schnitt, die anderen Dimensionen über dem Schnitt liegen. Dies würde bedeuten, daß diese Dimensionen im Vergleich zu den anderen Dimensionen für die Kunden hinsichtlich der Wichtigkeit nicht so stark bedeutend sind. Hinsichtlich der Zufriedenheit könnte es sich z.B. ergeben, daß die Dimensionen Zuverlässigkeit, Entgegenkommen und Souveränität im Vergleich zum Durchschnitt unter dem Schnitt liegen, also von den Kunden insgesamt schlechter bewertet wurden. Durch diesen Vergleich mit den Durchschnittswerten lassen sich erste Prioritäten bilden. Die Dimensionen, die hinsichtlich der Zufriedenheit unter dem Durchschnitt liegen, sollten an die Spitze dieser Liste. In welche Reihenfolge diese Dimension angeordnet werden sollen, läßt sich jedoch nicht eindeutig bestimmen. Soll die Dimension an die Spitze, die am schlechtesten abgeschnitten oder die am wichtigsten ist? Um diese Problem zu lösen kann die gewichtete Zufriedenheit herangezogen werden. Sie integriert sowohl die Wichtigkeit als auch das Zufriedenheitsurteil und umgeht somit das

oben beschriebene Problem. Mit Hilfe dieses Wertes kann einen Rangfolge bestimmt werden, die angibt, welcher Dimension zuerst Aufmerksamkeit geschenkt werden sollte bzw. welche Dimension zuerst näher betrachtet werden sollte.

Nach Erstellung dieser Liste gilt es, die Dimensionen näher zu betrachten. Wurde z.B. festgestellt, daß die Dimension Entgegenkommen hinsichtlich der gewichteten Zufriedenheit am schlechtesten abgeschnitten hat, so sind nun die Merkmale dieser Dimension näher zu betrachten. Auch hier können wieder die Wichtigkeit, die Zufriedenheit, die gewichtete Zufriedenheit und die entsprechenden Durchschnittswerte herangezogen werden. Mit Hilfe der Wichtigkeit läßt sich erkennen, welche Merkmale dieser Dimension für den Kunden die höchste Bedeutung haben. Mit den Zufriedenheitswerten kann festgestellt werden, welche Merkmale in den Augen der Kunden am besten und am schlechtesten abgeschnitten haben. Mit den Durchschnittswerten läßt sich auch hier wieder erkennen, welche Merkmale unter bzw. über dem Durchschnitt liegen. Mit Hilfe der gewichteten Zufriedenheit läßt sich wiederum eine Prioritätenliste erstellen.

Diese Analysen sind auch für die anderen Dimensionen durchzuführen. Es entsteht dadurch eine nach Dimensionen und Merkmalen sortierte **Prioritätenliste**. Diese Prioritätenliste kann auch direkt mit Hilfe der gewichteten Zufriedenheit erstellt werden, also ohne zuerst auf die Dimensionen eingehen zu müssen.

Auch grafisch lassen sich einige Ansätze zur Erstellung einer Prioritätenliste erkennen. Werden in einem Koordinatensystem, in dem auf der Abszisse die Wichtigkeit und auf der Ordinate die Zufriedenheit abgetragen ist, die einzelnen Merkmale positioniert, so lassen sich die Merkmale aufgrund ihrer Position klassifizieren (siehe Abbildung 36). Diese grafische Darstellung ermöglicht außerdem ein gute Übersicht über die Schwächen und Stärken des Unternehmens.

Abb. 36 : Analyse der Wichtigkeit und Zufriedenheit einzelner Merkmale[68]

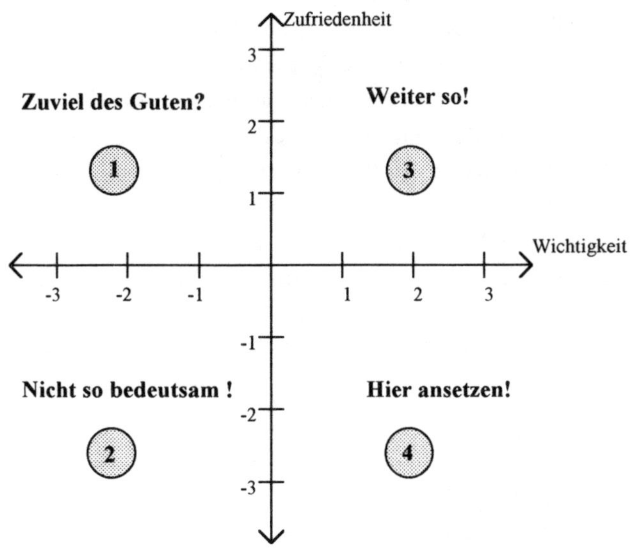

Mit den Merkmalen im Quadranten 1 sind die Kunden zufrieden; ihre Wichtigkeit schätzen sie dagegen eher gering ein. Sind Merkmale in diesem Quadranten positioniert, muß sich ein Unternehmen fragen, ob sich diese Leistungen (z.B. Gestaltung der Geschäftsräume) im Hinblick auf das Ziel erhöhter Kundenzufriedenheit rechnen. Das Unternehmen muß also überprüfen, ob diese Leistungen zurückgefahren oder zumindest auf gleichem Niveau gehalten werden sollen. Das Unternehmen muß sich also fragen, ob hier nicht 'Zuviel des Guten' geboten wird.

Im Quadranten 2 sind Merkmale positioniert, die sowohl von der Wichtigkeit als auch von der Zufriedenheit von der Kundschaft gering eingestuft worden sind. Sie spielen für das Entstehen von Kundenzufriedenheit nur eine unwesentliche Rolle; sie sind also 'nicht so bedeutsam'. Trotzdem muß ein Unternehmen prüfen, ob es nicht in diesen Bereichen zu viele Anstrengungen unternimmt (z.B. Öffnungszeiten).

Im Quadranten 3 sind die Kunden mit den dort positionierten Merkmalen zufrieden. Darüber hinaus weisen sie diesen Merkmalen eine hohe Wichtigkeit zu. Merkmale, die in diesem Quadranten positioniert sind, müssen weiterhin im Zentrum der unternehmerischen An-

[68] in Anlehnung an Hentschel (1992), S. 126

strengungen stehen. Sie dürfen nicht vernachlässigt werden bzw. müssen in Zukunft noch weiter verbessert werden (z.B. verständliche und fehlerfreie Abrechnungen).
Den Merkmalen, die im 4. Quadranten positioniert sind, muß das Hauptaugenmerk der Unternehmung gehören. Sie werden als wichtig eingestuft, erhalten jedoch von den Kunden schlechte Zufriedenheitsurteile. Hier liegt also das größte Potential zur Erhöhung der Kundenzufriedenheit. Für ein Unternehmen muß es daher Ziel sein, alle Anstrengungen zu unternehmen, diese Merkmale in den 3. Quadranten zu bekommen. Wird z.B. von der Kundschaft die Termintreue als wichtig eingeschätzt und erhält das Unternehmen hinsichtlich diesem Merkmal schlechte Beurteilungen, so muß daß Unternehmen versuchen, in Zukunft Termine einzuhalten. Ermöglicht wird diese Verbesserung z.B. durch eine gründliche Analyse des Terminwesens.
Sind viele Merkmale in den einzelnen Quadranten positioniert, so läßt sich mit Hilfe der gewichteten Zufriedenheit auch hier wiederum eine Prioritätenliste aufstellen.

Aufgrund der Tatsache, daß in dem hier entwickelten Fragebogen die Wichtigkeit zu jedem Merkmal direkt und nicht über eine Konstantsummenskala abgefragt wurde, besteht die Möglichkeit einer Anspruchsinflation, d.h. daß alle Merkmale als 'wichtig' eingestuft werden bzw. daß die Kunden mit alle Merkmalen mehr oder wenige zufrieden sind. Liegt diese Konstellation vor, so sind alle Merkmale im 3. Quadranten positioniert und eine eindeutige Aussage läßt sich nicht mehr treffen. In diesem Fall bietet es sich an, das oben beschriebene System nur auf diesen Quadranten anzuwenden. Abbildung 37 zeigt an einem fiktiven Beispiel diese Vorgehensweise.

Abb. 37 : Beispiel zur Analyse der Wichtigkeit und Zufriedenheit einzelner Merkmale[69]

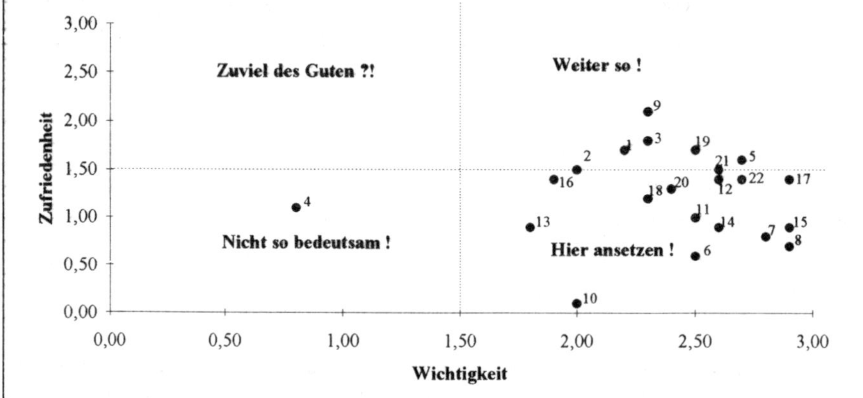

[69] Die Nummern verweisen auf die einzelnen Merkmale. Sie entsprechen der Nummierung der Merkmale in dem hier entwickelten Fragebogen.

In diesem Beispiel sind alle Merkmale mit einer Wichtigkeit von größer 0 bedacht worden. Außerdem wurden alle Merkmale mit einer Zufriedenheit von größer 0 beurteilt. Es läßt sich schnell erkennen, daß das Merkmal 4 (Gestaltung von Broschüren) in diesem fiktiven Beispiel nicht bedeutsam ist und für die Entstehung von Kundenzufriedenheit keine größere Rolle spielt. Dem gegenüber läßt sich auch schnell erkennen, daß das Merkmal 10 (genaue Auskünfte, wann eine Leistung erbracht wird) zum Inhalt kritischer Überlegungen des Unternehmens werden muß.

Nach der Interpretation der Dimensionen und Merkmale erfolgt eine nähere Betrachtung der Gesamtzufriedenheiten. Es gilt also Unterschiede zwischen der durchschnittlichen Zufriedenheit mit den Merkmalen, der berechneten gewichteten Gesamtzufriedenheit und der durchschnittlichen Gesamtzufriedenheit herauszuarbeiten. Ist z.B. die durchschnittliche Gesamtzufriedenheit höher als die durchschnittliche Zufriedenheit mit den Merkmalen oder die gewichtete Gesamtzufriedenheit, so ist anzunehmen, daß diese erhöhte durchschnittliche Gesamtzufriedenheit auf Faktoren zurückzuführen ist, die im Rahmen der Analyse nicht berücksichtigt wurden sind. So könnte z.B. der technische Aspekt der Qualität oder der Preis als Grund für diesen Unterschied genannt werden. Kunden könnten unbewußt ihre Zufriedenheit mit dem Preis oder der Technik in ihr globales Zufriedenheitsurteil eingeflossen haben.

Ist dieser Sachverhalt umgekehrt, ist also die durchschnittliche Gesamtzufriedenheit niedriger als die durchschnittliche Zufriedenheit mit den Merkmalen oder die gewichtete Gesamtzufriedenheit, so ist das oben genannte negativ zu formulieren. Es gibt dann wahrscheinlich Faktoren, die wiederum nicht in der Analyse berücksichtigt wurden sind und die einen negativen Einfluß auf die Gesamtzufriedenheit hatten. Unzufriedenheit mit dem Preis könnte ein solcher Faktor sein.

Die Gesamtzufriedenheit eignet sich auch hervorragend zur internen Kommunikation im Rahmen von Qualitätsmanagementsystemen. Es ist wichtig, den Mitarbeitern mitzuteilen, wie die Kunden ihre Arbeit bewerten. Dieses Feedback bestätigt die Mitarbeiter bzw. motiviert sie, ihre Arbeit in Zukunft besser zu machen. Von den verschiedenen, hier dargestellten Gesamtzufriedenheiten sollte im wesentlichen die gewichtete Gesamtzufriedenheit kommuniziert werden. Sie verbindet die Aussagen über die Wichtigkeit und die Zufriedenheitsurteile der Kunden mit den Merkmalen und ist somit der geeignetste Wert. Es sollte jedoch der in Prozent umgerechnete Wert der gewichteten Zufriedenheit kommuniziert werden. Für die Mitarbeiter ist es einleuchtender, wenn gesagt wird, daß die Kunden zu 71 % zufrieden sind, als wenn ihnen gesagt wird, daß die Kunden das Unternehmen mit +1,02 auf einer Skala von -3 bis +3 bewertet haben.[70]

[70] Zur Berechnung dieses Prozentwertes ist folgende Formel anzuwenden:
(gewichtete Zufriedenheit + 4) / 7 * 100.

Die Ergebnisse der Dateninterpretation sollten ihren Niederschlag in einem Berichtsband finden. Dieser sollte folgenden Aufbau aufweisen:

- Erläuterung der Methodik,
- Darstellung der Ergebnisse der Datenanalyse und -interpretation,
- Darstellung der Grenzen der Ergebnisse,
- Schlußfolgerungen und Empfehlungen.

Dieser Berichtsband und die darin enthaltenen Ergebnisse sollten als Grundlage für die Überprüfung und Gestaltung des Qualitätsmanagementsystems genutzt werden.

6. Die Untersuchungsergebnisse als Grundlage zur Gestaltung von Qualitätsmanagementsystemen

Die hier beschriebene Kundenzufriedenheitsanalyse zeigt Schwachstellen und Problemfelder des Unternehmens auf. Es werden Punkte identifiziert, die aus der Sicht der Kunden schlecht beurteilt werden und die die Kundenzufriedenheit maßgeblich negativ beeinflussen. Unabhängig davon, ob ein Unternehmen ein Qualitätsmanagementsystem nach TQM oder den DIN ISO 9000ff. besitzt, müssen diese identifizierten Schwachstellen Anlaß für weitergehende Überlegungen sein (Kundenzufriedenheit als Kontrollfunktion).
Im Rahmen des Total Quality Management, das Kundenzufriedenheit als oberstes Ziel postuliert und kontinuierliche Verbesserung explizit fordert, sind diese Informationen Quellen für Verbesserungen und Anpassungen. Bei einem Qualitätsmanagementsystem nach den DIN ISO 9000ff. wird zwar das Ziel der Kundenzufriedenheit und die kontinuierliche Verbesserung nicht direkt gefordert, dennoch sind i.d.R. auch für diese Unternehmen die identifizierten Schwachstellen ein Anlaß, daß System zu überprüfen und dokumentierte Prozesse und Abläufe zu modifizieren.

Der Abbau von Schwachstellen muß operatives Ziel für jedes Unternehmen sein. Nur hierdurch können die Grundlagen für die Erhaltung und die Steigerung der Kundenzufriedenheit gelegt und mittel- und langfristig wirtschaftlicher Erfolg und Wachstum gesichert werden. Die Verbesserung bzw. der Abbau von Schwachstellen, die durch die Analyse der Kundenzufriedenheit identifiziert worden sind, sollte in den Prozeß der kontinuierlichen Verbesserung integriert werden; sollte also systematisch vorangetrieben werden. Dies gilt auch für die Unternehmen, die im Rahmen ihres Qualitätsmanagementsystems nach den DIN ISO 9000ff. kontinuierliche Verbesserung nicht explizit fordern.

Die Ergebnisse der Ermittlung der Kundenzufriedenheit zeigen zwar Schwachstellen des Unternehmens auf, jedoch sind diese Hinweise nicht konkret genug, um darauf aufbauend konkrete Alternativen zum Abbau dieser Schwachstellen zu entwickeln. Sind z.B. die

Kunden mit dem Merkmal 'Einhaltung von Versprechen' unzufrieden, so ist zu überlegen, wie dieses negative Urteil möglicherweise zustandegekommen ist. Reagiert das Unternehmen auf Anfragen zu langsam? Werden Liefertermine nicht eingehalten bzw. Änderungen zu kurzfristig angekündigt? Werden versprochene Rabatte oder Skonti nicht berücksichtigt? Werden Kunden nicht oder verspätet zurückgerufen, wenn der Sachbearbeiter es verspricht? Diese und viele andere Fragen mehr muß sich ein Unternehmen stellen, wenn das Merkmal 'Einhaltung von Terminen' von den Kunden schlecht beurteilt worden ist.
Nach der Identifikation einer Schwachstelle ist also das Unternehmen aufgefordert, die genaueren Hintergründe der Ursachen dieser Schwachstelle aufzudecken. Hierzu ist es notwendig, daß das Unternehmen selbstkritisch mögliche Ursachen analysiert. Für diese Aufgabe bietet es sich an, sog. TQM-Verbesserungsgruppen oder Qualitätszirkel einzusetzen.[71] Hierbei ist jedoch zu beachten, daß zu jedem abgrenzbarem Problem ein eigenständiges Team gebildet werden soll. Werden einem Team zu viele Probleme zugeordnet, so erhöht dies die Unübersichtlichkeit und erschwert die Analyse und den Problemlösungsprozeß.

Je nach Art des Problems sind die Mitglieder aus verschiedenen Abteilungen und Führungsebenen zu rekrutieren. Diesen Teams wird die Analyse und die Lösung dieses Problems zugeordnet. Es ist also ihre Aufgabe, sich intensiv mit der Schwachstelle auseinanderzusetzen, mögliche Ursachen für diese Schwachstelle zu identifizieren und Verbesserungsvorschläge abzugeben. Für die Problemuntersuchung bieten sich verschiedene Werkzeuge an, wie z.B. das Brainstroming, die Paretoanalyse und das Ishikawa-Diagramm.[72] Je nach Problem ist es sogar notwendig, zu besonderen Schwachstellen eigene empirische Untersuchungen durchzuführen. Wird z.B. bei einem Kaufhaus das Merkmal 'geringe Wartezeiten' von den Kunden schlecht bewertet, so ist eine Untersuchungen zu konzeptionieren, die die Analyse der Wartezeiten von Kunden zum Inhalt hat. Bewerkstelligt werden kann diese Untersuchung durch die Beobachtung von Kunden an der Kasse oder von Kunden, die nach einem Verkäufer Ausschau halten. Durch diese Untersuchung können u.a. wichtige Erkenntnisse für die Personalplanung (z.B. mehr Mitarbeiter in Stoßzeiten) und für die Anzahl und Plazierung von Kassen gewonnen werden.

Nach der Identifikation der Ursachen ist es Aufgabe des Teams, Vorschläge für den Abbau dieser Schwächen abzugeben. Es ist auch Aufgabe des Teams, die Umsetzung zu überwachen und den Erfolg zu kontrollieren. Die Erfolgskontrolle sollte auf zweierlei Art erfolgen. Zum ersten sollte direkt geprüft werden, inwieweit die Verbesserungsvorschläge in die Praxis umgesetzt wurden und welche konkreten Ergebnisse erzielt wurden sind (z.B. Verringerung der Wartezeiten um 45 %). Zum zweiten sollte im Rahmen einer späteren Kundenzufriedenheitsstudie geprüft werden, ob die durchgeführten Verbesserungen beim

---

[71] vgl. Frehr (1993), S. 160ff.
[72] vgl. Frehr (1993), S. 238ff.

Kunden wirksam geworden sind, also ob sich bei diesem Merkmal eine Verbesserung der Zufriedenheit ergeben hat.

Durch diese Vorgehensweise werden konsequent die Ergebnisse einer Kundenzufriedenheitsstudie umgesetzt. Schwachstellen werden identifiziert, analysiert und abgebaut. Letztendlich erhöht diese Vorgehensweise die Zufriedenheit der Kunden und sichert auf diesem Wege den wirtschaftlichen Erfolg einer Unternehmung.
Abbildung 38 zeigt den Prozeß der Bereinigung von Schwachstellen nochmals grafisch auf

Abb. 38 : Prozeß der Bereinigung von Schwachstellen

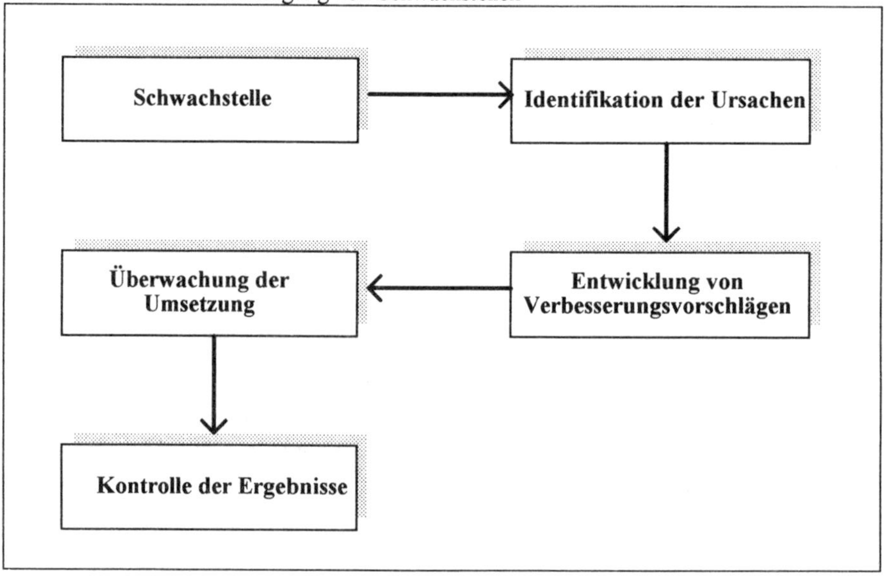

E Grenzen einer Standardisierung der Ermittlung der Kundenzufriedenheit im Rahmen von Qualitätsmanagementsystemen

Die Zufriedenheit der Kunden ist für ein Unternehmen die Grundlage zur Erzielung von Wiederholungskäufen und zum Aufbau komparativer Wettbewerbsvorteile und damit Grundlage für wirtschaftlichen Erfolg und langfristiges Wachstum. Auf gesättigten Märkten sind es i.d.R. die Serviceleistungen und die Art und Weise, wie diese Serviceleistungen erbracht werden, die Kundenzufriedenheit entstehen lassen. Der Service entscheidet heute in einem starkem Umfang über den Erfolg oder Mißerfolg eines Unternehmens.

Auf Grundlage dieser Überlegungen wurde in dieser Arbeit ein Konzept zur Ermittlung der Kundenzufriedenheit entwickelt. Getragen von der Überlegung, daß die Erbringung von

Serviceleistungen und die Art und Weise, wie diese Leistungen erbracht werden, sich von Branche zu Branche kaum unterscheidet, wurde mit Hilfe der von Zeithaml/Parasuraman/Berry ermittelten Dimensionen und Merkmale ein standardisierter Fragebogen zur Ermittlung der Kundenzufriedenheit formuliert, der im wesentlichen die Qualität des erbrachten Service erfaßt. Es wurde also ein Fragebogen entwickelt, der geeignet ist, branchen- und unternehmensgrößenunabhängig die Kundenzufriedenheit zu ermitteln.

Die Kundenzufriedenheit spielt als Zielgröße im Total Quality Management und - wenn auch in einem weit geringerem Umfang - in den Qualitätsmanagementsystemen nach DIN ISO 9000ff. eine zentrale Rolle. Die Kunden stehen im Mittelpunkt dieser Qualitätsmanagementsysteme und die Erfüllung der Qualitätserwartungen der Kunden, mit dem Ziel Zufriedenheit zu realisieren, ist die zentrale Aufgabe.

Der hier entwickelte Fragebogen zur Ermittlung der Kundenzufriedenheit soll im Rahmen von Qualitätsmanagementsystemen dazu dienen, die Zielsetzung, also die Erzielung von Kundenzufriedenheit zu überprüfen und Ansätze für Verbesserungen zu finden. Die Identifikation von Schwachstellen im Service und im Umgang mit den Kunden und der Abbau dieser Schwachstellen ist das direkte Ergebnis der Erfassung der Zufriedenheit der Kunden. Hierbei kommt es darauf an, nicht nur die Schwachstellen zu identifizieren, sondern auch abzubauen. Es müssen deshalb vorher die organisatorischen Rahmenbedingungen geschaffen werden, daß der Abbau von Schwachstellen im Service oder im Umgang mit den Kunden schnell und unter Beteiligung der betroffenen Mitarbeiter erfolgen kann. Im Total Quality Management sind i.d.R. bereits diese Voraussetzungen geschaffen, wenn das grundlegende Prinzip der kontinuierlichen Verbesserung zum Gegenstand unternehmerischen Alltags geworden ist. In den Qualitätsmanagementsystemen nach DIN ISO 9000ff., in denen kontinuierliche Verbesserungen nicht explizit gefordert werden, sind i.d.R. die organisatorischen Voraussetzungen für die Umsetzung der Untersuchungsergebnisse der Kundenzufriedenheitsanalyse nicht gegeben, so daß diese in den Qualitätsmanagementsystemen nach DIN ISO 9000ff. erst geschaffen werden müssen.

Das hier dargestellte Konzept zur standardisierten Ermittlung der Kundenzufriedenheit und insbesondere der entwickelte Fragebogen stellt eine gute Grundlage dar, die Kundenzufriedenheit zu ermitteln und mit Hilfe der Untersuchungsergebnisse das Qualitätsmanagementsystem zu optimieren.

Dennoch hat der Einsatz des hier entwickelten Fragebogens zur standardisierten Ermittlung der Kundenzufriedenheit auch seine Grenzen.

Obwohl der hier entwickelte Fragebogen den Anspruch erhebt, branchen- und unternehmensgrößenunabhängig einsetzbar zu sein, ist dieser Anspruch nicht immer zu realisieren. Je indirekter der Kontakt zwischen einem Unternehmen und den Kunden ist, desto weniger geeignet ist der hier entwickelte Fragebogen. Dies begründet sich u.a. dadurch, daß bei einem nicht so engen Kontakt zwischen Unternehmen und Kunden, die Art und Weise der Erbringung von Serviceleistungen nicht mehr so relevant ist. So ist z.B. der hier entwickelte Fragebogen nicht bei einem Konsumgüterhersteller einsetzbar, der die Zufriedenheit der Endverbraucher ermitteln möchte. Dies begründet sich darin, daß zwischen dem Konsumgüterhersteller und dem Endverbraucher i.d.R. der Handel steht. Es besteht also kein direkter Kontakt zwischen dem Konsumgüterhersteller und dem Endverbraucher. Anders verhält es sich, wenn der Konsumgüterhersteller die Zufriedenheit seiner Handelspartner ermitteln möchte. Hier ist es durchaus angebracht, den hier entwickelten Fragebogen anzuwenden, obwohl in diesen Geschäftsbeziehungen die Konditionen (Preise, Rabatte, etc.) eine viel größere Rolle spielen als der Service.

Ähnlich verhält es sich auch mit Unternehmen, die auf Märkten agieren, wo der Service keine größere Rolle spielt, der Wettbewerb sich allein über die Preise abspielt. Als Beispiele können hier die Unternehmen Aldi, Vobis, Escom u.a. genannt werden. Für die Kunden dieser Unternehmen spielt der Service, wenn überhaupt, nur eine untergeordnete Rolle. Trotz dieser Ausnahmen ist jedoch festzuhalten, daß in fast allen anderen Bereichen der Service eine mehr oder minder große Rolle spielt und für die Entstehung von Kundenzufriedenheit von außerordentlicher Bedeutung ist.

Die in dem hier entwickelten Fragebogen enthaltenen Merkmale bilden umfassend diejenigen Aspekte ab, die für Serviceleistungen und die Art und Weise der Erbringung dieser Leistungen relevant und somit für die Entstehung von Kundenzufriedenheit verantwortlich sind. Dennoch ist es unter Umständen aufgrund unternehmensspezifischer Gegebenheiten notwendig, einzelne Merkmale abzuändern bzw. durch andere Merkmale zu ersetzen. Nicht immer sind alle abgefragten Merkmale für ein Unternehmen relevant. Für ein Versandhaus sind z.B. die Merkmale 'moderne technische Ausrüstung', 'Gestaltung der Geschäftsräume' und 'Kleidung des Personals' für die Entstehung von Kundenzufriedenheit nicht gewichtig und dürfen auch nicht abgefragt werden. Dagegen müßten Merkmale wie 'Liefergenauigkeit' oder 'Unversehrtheit der Lieferung' miteinbezogen werden. Aufgrund der Tatsache, daß hier neben den Merkmalen auch die übergeordneten Dimensionen miteinbezogen worden sind, ist ein Austausch von Merkmalen durch andere oder das Hinzufügen von Merkmalen leicht durchzuführen. So kann z.B. das neu abzufragende Merkmal 'Liefergenauigkeit' leicht der Dimension Zuverlässigkeit und das Merkmal 'Unversehrtheit der Lieferung' der Dimension Souveränität zugeordnet werden.

Vor dem Austausch oder dem Hinzufügen von Merkmalen aufgrund unternehmensspezifischer Gegebenheiten empfiehlt es sich, die neuen Merkmale auf ihre Validität zu überprüfen. Die neuen Merkmale sollten darauf hin untersucht werden, inwieweit sie für die Kunden wichtig und für die Entstehung von Kundenzufriedenheit relevant sind.

Besonders im Rahmen von Qualitätsmanagementsystemen sollten Kundenzufriedenheitsanalysen keine einmaligen Angelegenheiten sein. Die Ermittlung der Kundenzufriedenheit sollte regelmäßig wiederholt werden. Durch diese Perioditat können inzwischen eingetretene Änderungen berücksichtigt werden (Kundenzufriedenheit als Frühwarnindikator). Darüber hinaus kann festgestellt werden, wie durchgeführte Verbesserungen bei den Kunden im Rahmen ihrer Zufriedenheitsurteile Berücksichtigung gefunden haben.
In welchem Abstand Kundenzufriedenheitsstudien durchgeführt werden sollten, kann nicht abschließend beurteilt werden. Dies richtet sich u.a. nach der Größe des Kundenstammes und den organisatorischen Voraussetzungen für die Durchführung der Erhebung.
Wird der hier entwickelte Fragebogen über längere Zeit eingesetzt, so empfiehlt es sich, in größeren zeitlichen Abständen die Validität der Dimensionen und Merkmale und die Struktur der Dimensionen zu überprüfen. Hierdurch wird sichergestellt, daß die abgefragten Merkmale tatsächlich die Aspekte berücksichtigen, die für die Entstehung von Kundenzufriedenheit verantwortlich sind.

Es wurde bereits mehrmals hier darauf verwiesen, daß der Service und die Art der Erbringung des Service maßgeblich die Kundenzufriedenheit beeinflußt. Dennoch spielen aber auch andere Faktoren für die Entstehung von Kundenzufriedenheit eine Rolle, so z.B. die technische Qualität oder der Preis. Für ein Unternehmen, daß nachhaltig Kundenzufriedenheit erzielen möchte bedeutet dies, daß das Unternehmen neben der Zufriedenheit mit der Servicequalität auch die anderen Faktoren, die für die Entstehung von Kundenzufriedenheit verantwortlich sind, identifiziert und beachtet und in diesen Bereichen diejenige Qualität bietet, die der Kunde wünscht.
Obwohl nun hier einige Grenzen der Standardisierung der Kundenzufriedenheit dargestellt worden sind, kann daß hier entwickelte Konzept trotzdem - mit einigen Abstrichen - als branchenübergreifend gelten. Es stellt die Grundlage für ein effizientes Kundenzufriedenheitsmanagement im Rahmen des Qualitätsmanagement dar, unabhängig davon, ob der hier entwickelte Fragebogen in der hier dargestellten oder in einer modifizierten Form zur Anwendung gelangt. Auch wenn auf die Anwendung des hier entwickelten Fragebogens gänzlich verzichtet wird und dafür ein anderes Verfahren zur Erfassung der Kundenzufriedenheit zur Anwendung kommt, können die grundsätzlichen Überlegungen zur Durchführung einer Erhebung der Kundenzufriedenheit beachtet werden; unabhängig von der Branche und der Unternehmensgröße. Vielmehr kommt es darauf an, überhaupt die Kundenzufriedenheit zu ermitteln und die Ergebnisse zum Gegenstand unternehmerischer Überlegungen zu machen.

Denn: "Aus Messungen ergeben sich Quantitäten, aus Quantitäten Zahlen, aus Zahlen Vergleiche und aus Vergleichen der Sieg."[73]

[73] Sun Tzu, zitiert nach Murphy (1994), S. 244

Literaturverzeichnis

Andreasen, A.R. (1982): Verbraucherunzufriedenheit als ein Beurteilungsmaßstab für die unternehmerische Marktleistung, in: Hansen, U.; Stauss, B.; Riemer, M. (Hrsg.) (1982): Marketing und Verbraucherpolitik, Stuttgart, S. 182-195

Benz, J. (1991): Kundenzufriedenheit im Dienstleistungsbereich, in: Marktforschung & Management, Nr. 2, S. 77-82

Böhler, H. (1985): Marktforschung, Berlin, Köln, Mainz

Bruhn, M. (1985): Marketing und Konsumentenzufriedenheit, in: WISU, Nr. 6, S. 300-307

Bruhn, M.; Hennig, K. (1993a): Selektion und Strukturierung von Qualitätsmerkmalen - auf dem Weg zu einem umfassenden Qualitätsmanagement für Kreditinstitute (Teil 1), in: Jahrbuch der Absatz- und Verbrauchsforschung, Nr. 3, S. 214-238

Bruhn, M.; Hennig, K. (1993b): Selektion und Strukturierung von Qualitätsmerkmalen - auf dem Weg zu einem umfassenden Qualitätsmanagement für Kreditinstitute (Teil 2), in: Jahrbuch der Absatz- und Verbrauchsforschung, Nr. 4, S. 314-337

Buzzell, R.D.; Bradley, T. G. (1989): Das PIMS-Programm, Wiesbaden

DIN ISO 9000: Qualitätsmanagement und Qualitätssicherungsnormen, Leitfaden zur Auswahl und Anwendung, Berlin 1990

DIN ISO 9001: Qualitätssicherungssysteme, Modell zur Darlegung der Qualitätssicherung in Design/Entwicklung, Konstruktion, Produktion, Montage und Kundendienst , Berlin 1990

DIN ISO 9002: Qualitätssicherungssysteme, Modell zur Darlegung der Qualitätssicherung in Produktion und Montage, Berlin 1990

DIN ISO 9003: Qualitätssicherungssysteme, Modell zur Darlegung der Qualitätssicherung bei der Endprüfung, Berlin 1990

DIN ISO 9004: Qualitätsmanagement und Elemente eines Qualitätssicherungssystems - Leitfaden, Berlin 1990

DIN ISO 8402: Qualitäts-Begriffe, Berlin 1986

Döttinger, K.; Klaiber, E. (1994): Realisierung eines wirksamen Qualitätsmanagementsystems im Sinne des Total Quality Management, in: Stauss, B. (Hrsg.) (1994): Qualitätsmanagement und Zertifizierung, Wiesbaden, S.255-273

Ellis, V. (1994): Der European Quality Award, in: Stauss, B. (Hrsg.) (1994): Qualitätsmanagement und Zertifizierung, Wiesbaden, 277-302

Feigenbaum, A.V. (1961): Total Quality Control, New York, Toronto, London

Föhrenbach, J.T. (1995): Kundenzufriedenheit und Kundenbindung als Bestandteil der Unternehmenskommunikation, München

Frehr, H.-U. (1993): Total Quality Management, München, Wien

Garvin, D.A. (1984a): What does Product Quality Really Means?, in: Sloan Management Review, Fall 1984, S. 25-43

Garvin, D.A. (1984b): Product Quality an Important Strategic Weapon, in Business Horizons, März/April, S. 40-43

Gierl, H.; Sipple, H. (1993): Zufriedenheit mit dem Kundendienst, in: Jahrbuch der Absatz- und Verbrauchsforschung, Nr. 3, S. 239-260

Glaap, W. (1993): ISO 9000 leichtgemacht, München, Wien

Graf, K. (1990): Die Behandlung von Verbraucherbeschwerden in Unternehmen, Berlin

Griffin, A.; Gleason, G.; Preiss, R.; Shevenaugh, D. (1995): Die besten Methoden zu mehr Kundenzufriedenheit, in: Havard Manager, Nr. 3, S. 65-76

Grüne, A. (1995): Kundenzufriedenheit immer noch Luxus?, in: Direkt Marketing, Nr. 2, S. 14-17

Hentschel, B. (1991): Multiattributive Messung von Dienstleistungsqualität, in: Bruhn, M.; Stauss, B. (Hrsg.) (1991): Dienstleistungsqualität, Wiesbaden, S. 311-343

Homburg, C.; Rudolph, B. (1995): Wie zufrieden sind Ihre Kunden tatsächlich?, in: Havard Manager, Nr. 1, S. 43-50

Höth, H.; Dauben, S.; Stern, J. (1995): Neue Meßinstrumente für das Qualitätsmanagement, in: VDI-Z, Nr. 1/2, S. 62-64

Imai (1986): Kaizen, München

Ishikawa, K. (1985): What ist Total Quality Control?, New York

Kotler, P. (1989): Marketing-Management: Analyse, Planung und Kontrolle, 4. Auflage, Stuttgart

Kroeber-Riel, W. (1990): Konsumentenverhalten, 4. Auflage, München

Laatz, W. (1993): Empirische Methoden: ein Lehrbuch für Sozialwissenschaftler, Frankfurt am Main

Lingenfelder, M.; Schneider, W. (1990): Die Kundenzufriedenheit - Bedeutung, Meßkonzpet und empirische Befunde, Arbeitspapier Nr. 80 des Instituts für Marketing, Mannheim

Lingenfelder, M.; Schneider, W. (1991): Die Zufriedenheit von Kunden, in: Marktforschung & Management, Nr. 1, S. 29-34

Luchs, R.H.; Neubauer, F.-F. (1986): Qualitätsmanagement - Wettbewerbsvorsprung durch Differenzierung, Frankfurt am Main

McNeal, J.U. (1969): Consumer Satisfaction: the Measurement of Marketing Effectiveness, in: MSU Business Topics, Summer, S. 31-35

Meffert, H. (1992): Marketingforschung und Käuferverhalten, 2. Auflage, Wiesbaden

Murphy, J.A. (1994): Dienstleistungsqualtät in der Praxis, München, Wien

Oess, A. (1993): Total Quality Management, 3. Auflage, Wiesbaden

Rapp, R. (1995): Kundenzufriedenheit durch Servicequalität, Wiesbaden

Reimann, C.W.; Hertz, H.S. (1994): Der Malcolm Baldrige National Quality Award und die Zertifizierung gemäß den Normen ISO 9000 bis 9004: Die wichtigsten Unterschiede, in: Stauss, B. (Hrsg.) (1994) : Qualitätsmanagement und Zertifizierung, Wiesbaden, S. 333-364

Rentschler, P. (1995): ISO 9000ff: Bedeutung für den Dienstleistungssektor, in: Office Management, Nr. 7/8, S. 36-42

Riemer, M. (1986): Beschwerdemanagement , Frankfurt am Main, New York

Saatweber, J. (1994): Inhalt und Zielsetzung von Qualitätsmanagementsystemen gemäß den Normen DIN ISO 9000 bis 9004, in: Stauss, B. (Hrsg.) (1994): Qualitätsmanagement und Zertifizierung, Wiesbaden, S.63-91

Scharnbacher, K. (1992): Statistik im Betrieb, 9. Auflage, Wiesbaden

Schildknecht, R. (1992): Total Quality Management - Konzeption und state of the art, Frankfurt/Main, New York

Schmetzstorff, M. (1995): Bausteine eines Qualitätsmanagementsystems für Dienstleister, in: Office Management, Nr. 7/8, S. 20-23

Schütze, R. (1992): Kundenzufriedenheit, Wiesbaden

Schwickert, A.C.; Beemelmann, T.; Kargl, H. (1995a): ISO 9000 - Normung für Qualitätssicherungssysteme (I), in: WISU, Nr. 2, S. 127-132

Schwickert, A.C.; Beemelmann, T.; Kargl, H. (1995b): ISO 9000 - Normung für Qualitätssicherungssysteme (II), in: WISU, Nr. 3, S. 207-213

Standop, D.; Hesse, H.-W. (1985): Zur Messung der Kundenzufriedenheit mit KFZ-Reparaturen, DBW-Depot der Fachzeitschrift Die Betriebswirtschaft, Stuttgart, Osnabrück

TARP (1979): Consumer Complaint Handling in America: Final Report, U.S. Office of Consumer Affairs (Hrsg.), Technical Assistance Research Progams, Washington D.C.

TARP (1986): Consumer Complaint Handling in America: An Update Study, The Office of the Special Advisor to the President for Consumer Affairs (Hrsg.), Technical Assistance Research Programs, Washington D.C.

Trommsdorf, V. (1975): Die Messung von Produktimages über das Marketing - Grundlagen und Operationalisierung, Köln, Berlin, Bonn, München

Zeithaml, V.A.; Parasuraman, A.; Berry, L.L. (1992): Qualitätservice, Frankfurt, New York

Zink, K.J.; Schildknecht, R. (1992): Total Quality Management - Entwicklungslinien und Überblick, in: Zink, K.J. (Hrsg.) (1992): Qualität als Managementaufgabe, 2. Auflage, Landsberg/Lech, S. 73-107